유머에도 품질이 있다!
유머치를 치료하는 책!
전 승 훈 엮음
4·데·문·안·슈·데
1. 엘리베이터 문안
2. 대중교통 출입 문안
3. 화장실 문안
4. 집 문안
유머는 성공을 위한 필수가 아니라 생존을 위한 필수다!

엘 맨

독서금지 명단

다음에 해당되는 사람은 '4·대·문·안·유·머'를
보지도 사지도 마라!

① 엘리베이터를 한번도 못 타본 사람.

② 버스나 지하철을 한번도 못 타본 사람..

③ 화장실을 이용하지 않고 볼일을 보는 사람.

④ 집안의 웃음을 소중하게 생각하지 않는 사람.

⑤ 밀폐된 공간에서 방귀뀌고 나 몰라라 하는 사람.

⑥ 유머는 '쌍것' 들이나 즐긴다고 생각하는 사람.

⑦ 보는 사람 없다고 아무데서나 뽀뽀하는 사람.

⑧ 음담패설을 유머라고 생각하는 사람.

⑨ 어제와 같은 오늘을 사는 사람.

⑩ 감사할 줄 모르는 사람.

위에 해당되는 사람은 이 책 놔!

유머훈련

이 코너는 유머감각을 키우기 위한 두뇌 훈련 과정이다. 성실하게 답하고 여러 사람과 대화를 나눈다면 어느덧 불쑥 자란 자신의 유머감각을 느끼게 될 것이다.

유머퀴즈 어 청 성

이 코너는 유머퀴즈와 O.X 퀴즈 코너. 유머퀴즈는 유머감각을 키우기 위해서 필수적이다. O.X 퀴즈는 5의 배수인(5, 10, 15…) 코너마다 실었다. 어는 어린이용, 청는 청소년용, 성는 성인용 유머퀴즈이다. 대상에 따라 선택하여 유머퀴즈를 내는 것이 좋다. 어청성표 위에 X표가 되어 있으면 그 대상에겐 부적합한 것이다.

吕

유머 마인드

사람은 컴퓨터의 하드웨어와 소프트웨어로는 업그레이드가 되질 않는다. 사람은 마인드웨어(MIND WARE)가 있어야 업그레이드된다. 이 코너는 필자가 개인경쟁력강화와 미래감각을 위해 강의 중인 마인드웨어의 5가지 세션(유머 마인드, 이벤트 마인드, 레크리에이션 마인드, 매니지먼트 마인드, 액션 마인드) 중의 첫 번째인 유머 마인드의 일부를 실었다. 업그레이드는 컴퓨터 보다 사람에게 더 필요한 것이다!

4대 문안 유머2배로 즐기기

이 코너는 유머 본문이다.

각종 다양한 유머의 레퍼토리가 깔끔하게 정리되고, 필자의 정제과정을 거쳐 실려져 있다. 따라서 차례대로 게시해도 무방하지만, 때와 장소 그리고 눈 높이를 맞추어 게시하는 수고가 더해진다면 금상첨화(錦上添花)가 될 것이다. 여러 번 읽고 자신의 것으로 소화한다면 유머감각을 키우는데 좋은 밑천이 된다.

유머 펀치

이 코너는 유머 본문에 대한 명언과 멘트이다. 외워두면, 대화시 유용하게 쓸 수 있다.

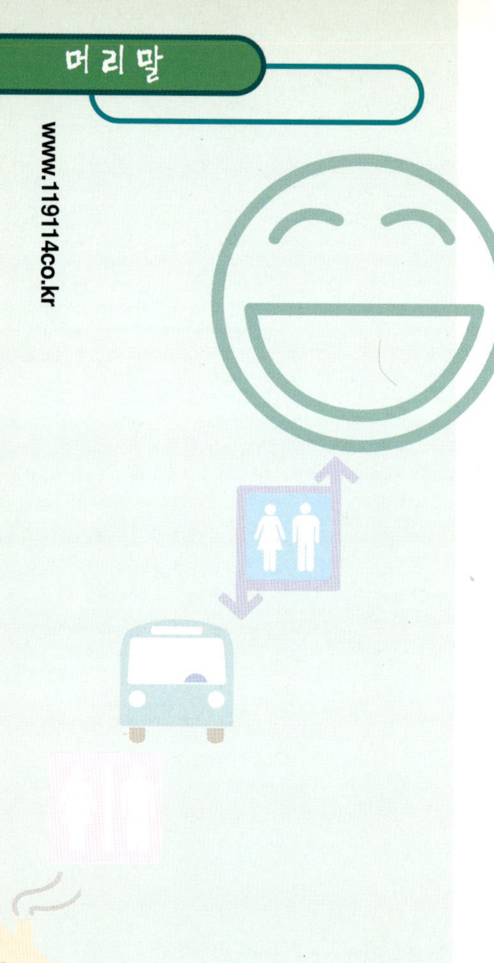

현대는 끊임없는 자기혁신으로 자신의 몸값을 스스로 올리는 셀프-트레이닝 시대이다. 재래시장에 가면, 웃고 죽은 돼지가 5,000원이 더 비싸다. 하물며 사람에게 유머감각이 있다면……

　실제로 정치, 경제, 사회, 문화 등 모든 분야에서 성공하거나 뛰어난 업적을 남긴 사람들은 한결같이 유머감각이 풍부해 남을 '잘' 웃길 줄 아는 사람들이었다. 그러나 이젠 유머는 성공을 위한 필수가 아니라 생존을 위한 필수다!

　사람은 '4거리'가 있어야 한다. 일거리, 먹거리, 놀거리, 그리고 웃음거리이다. 필자는 오래 전부터 온 국민의 유머버전을 'Up-Grade'하는 방법과 엘리베이터 안, 대중교통 안, 화장실 안, 집안에서의 무의미한 시간과 무료한 공간을 활용하기 위한 방법을 찾던 중 이제야 속이 꽉 차고 향기 나는 결실을 보게 되어 참으로 기쁘다. 유머도 상품처럼 품질이 있다는 것을 느끼게 될 것으로 확신한다.

　여기, 네 가지 이유에서 4·대·문·안·유·머를 만들었다.
　하나, 우리 나라에 있는 모든 엘리베이터 문안의 어정쩡한 공간문화를 바꾸기 위해.
　두울, 모든 국민이 이용하는 대중교통 문안에서 웃음으로 스트레스를 날려보내기 위해.
　세엣, 화장실 문안에서의 자투리 시간을 금쪽 같은 시간으로 활용하기 위해.
　네엣, 우리 집 문안에서 웃음꽃으로 가정이 행복하고 건강을 되찾기 위해.

　이 책의 구성은 유머 본문 114개, 유머 펀치 114개, 유머 훈련 114개, 유머 퀴즈 114개, 유머 마인드 114개를 실었다. 114개씩인 이유는 4대문안(엘리베이터, 대중교통, 화장실, 집)에 3~4일 간격으로 한 장씩 게시할 때 1년 치 분량이기 때문이다. 또 긴요한(119) 안내(114)를 받을 수 있는 이벤트와 레크리에이션 그리고 레저의 전문 홈페이지인 www.119114.co.kr을 알리기 위해서다. 자주 방문하면 행복해 진다. 물론 공짜다.

　이 책을 열심히 읽고 난 후, 한 장씩 뜯어내어 엘리베이터 문안, 대중교통 문안, 화장실 문안, 우리 집 문안 등 여러 사람이 잘 보이는 곳에 차례대로 끼워 넣는다면 본인에겐 유머감각을 키울 수 있는 기회가 되고, 가족을 포함한 이웃들에겐 큰 유익이 되리라 생각한다.

　그렇게 했음에도 불구하고 유머감각이 생기지 않는 사람은, 남을 웃길 생각하지 말고 지금까지 살아온 그대로 살아야 할 것이다.

　이 책이 나오기까지 도움을 준 독수리 5형제(?)에게 감사드린다.

독수리 ① : 인터넷과 PC 통신에 올라온 각종 유머.

독수리 ② : 전국 대학교의 화장실과 낙후된 공중화장실의 벽면.

독수리 ③ : 지구촌을 떠돌다 지면을 빌어 태어난 온갖 유머와 명언.

독수리 ④ : 나에게 자신이 알고 있는 유머를 아끼지 않고 뱉어 내고 검증해 준 이웃.

독수리 ⑤ : 나의 유머 마인드와 웬만큼 웃겨선 웃지 않는 나의 아내.

　4 · 대 · 문 · 안 · 유 · 머를 대한민국의 유머치 그리고 편리하게 오르락 내리락 할 수 있는 엘리베이터, 온 국민이 이용하는 대중교통, 고민을 해결해 주는 화장실, 보금자리를 만들어 주는 당신의 집에 바친다.

　이 책과의 만남은 작은 혁명이고, 우리 인생의 새로운 출발이다.

2000. 4. 1.

전쟁에서 승리하여 훈장을 받은 **전 승 훈**

www.119114.co.kr

유 머 마 인 드 차 례

www.119114.co.kr

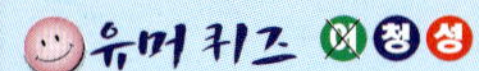 유머훈련

맨홀 뚜껑은
왜 동그란가?
그 이유를 5가지 이상
찾기?

유머퀴즈

남자들의 신체중, 꼭 필요
하지 않은 부분은 젖꼭지
이다. 그럼에도 불구하고
붙어있는 이유는?

힌트는 젖꼭지를 떼어낼수가 없어서

 유머마인드

하트와 마인드

　육체의 심장이나 자연상태에서 마음은 하트
(HEART)이고, 학습과 경험을 통해서 구조화된 일
정한 틀(패러다임)을 갖고 있는 마음은 마인드
(MIND)이다. 이 코너는 유머 하트가 아닌 유머 마
인드 즉 유머 감각 개발을 위한 코너이다. 성공을
위한 필수다.

오른쪽의 본문을 엘리베이터 안에 게시한다면 탑승한 사람들이
즐겁겠죠?

엘리베이터 안의 10감정

① **당황** : 여러 사람과 같이 탔는데 방귀가 나오려고 할 때
② **기쁨** : 혼자만 있는 엘리베이터에서 시원하게 한 방 날렸을때
③ **감수** : 역시 냄새가 지독할 때
④ **창피** : 냄새가 채 가시기도 전에 다른 사람이 탔을 때
⑤ **고통** : 둘만 타고 있는 엘리베이터에서 놈이 지독한 방귀를
　　　　　뀌었을 때
⑥ **울화** : 방귀 뀐 놈이 마치 자기가 안 그런양 딴청을 피울 때
⑦ **고독** : 방귀 뀐 놈은 사라지고 혼자 남아 놈의 채취를 느끼고
　　　　　있을 때
⑧ **억울** : 놈의 채취가 채 가시기도 전에 다른 사람이 타면서
　　　　　얼굴을 찡그릴 때
⑨ **황당** : 엄마 손 잡고 올라탄 꼬마가 나를 가리키며
　　　　　"엄마 저 사람 방귀 꼈나봐" 할 때
⑩ **분통** : 엄마가 아이에게 "누구나 다 방귀는
　　　　　뀔 수 있는 거야!"하며 꼬마를
　　　　　타이를 때

 **유머펀치**
쾌적한 장소는 쾌적한
인간관계를 만든다.

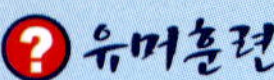 유머훈련

이성을 유혹할 때 나만의 노하우가 있다면?

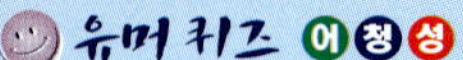 유머 퀴즈 (어)(청)(성)

운전기사가 제일 싫어하는 춤은?

 몸춤 :답정

유머마인드

사람은 왜 웃나?

인간의 간질에 대한 연구를 하던 중 의외의 소득이 있었다. 그것은 왼쪽 대뇌의 중 상위 부분이 - 사지(四肢) 통제 신경조직 앞에 있는 4㎠ - 자극을 받으면 사람이 웃게 된다는 것이다. 이 부분이 바로 오래 전부터 이야기 해 오던 '웃음보'인 것이다. 따라서 이 곳을 자극할 수만 있다면 사람을 웃길 수 있다.

◐ 오른쪽의 본문을 대중교통 안에 게시한다면 승객들이 스트레스를 날려버리겠죠?

차 비

한 남자 고등학생이 시내에 나갔다가 그만 차비를 잃어 버렸다. 용기를 내어 지나가던 여고생에게 말을 걸었다.

남학생 : 저어……. 저기……. 저…….
여학생 : 왜 그러세요?
남학생 : 저…. 차비좀 빌려주세요.
여학생 : (의외로 상냥하게) 시간 있으세요?
남학생 : (너무 좋아서) 넷, 있습니다!
여학생 : 그럼 걸어가세요.

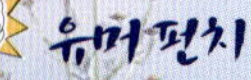 유머펀치
목마른 사람에겐 물을 줘야지 빵을 주면 안 된다.

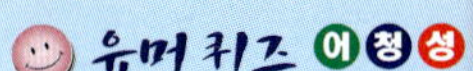

누군가가 1억 원을 주면서, 오늘 그 돈을 몽땅 다 쓰라고 한다면, 어디에서 어떻게 쓰겠는가?

유머 퀴즈 어청성

토끼와 거북이의 경주에서 심판을 본 동물은?

힌트

웃음보를 자극하면?

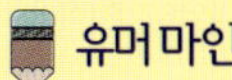
유머마인드

인간의 감각기관인 5감 즉 시각, 청각, 촉각, 미각, 후각을 통해 생각을 자극하면 웃음보를 자극할 수 있다. 이 웃음보가 자극 받으면 미소도 짓고 폭소도 터져 나오는데, 웃음보가 약하게 자극 받으면 미소가 나오고, 강하게 자극 받으면 폭소가 나온다.

↻ 오른쪽의 본문을 화장실 안에 게시한다면 금쪽 같은 시간이 되겠죠?

돈과 화장실 그리고 4자성어

재래식 화장실에서 실수로…

① 10원 짜리 동전이 빠지면/ **수수방관**

② 오백원 짜리 동전이 빠지면/ **우왕좌왕**

③ 천원 짜리 지폐가 빠지면/ **안절부절**

④ 오천원 짜리 지폐가 빠지면/ **진퇴양난**

⑤ 만원 짜리 지폐가 빠지면/ **이판사판**

⑥ 십만원 짜리 수표가 빠지면/ **일단잠수**

⑦ 백만원 짜리 수표가 빠지면/ **사생결단**

유머 펀치

절대로 실수하지 않는 사람은 아무 일도 하지 않은 사람뿐이다.

www.119114.co.kr

❓ 유머훈련

불로초(不老草) 세 뿌리가 있다. 세 사람이 한 뿌리씩 먹을 수 있다면 누구누구일까?

🙂 유머 퀴즈 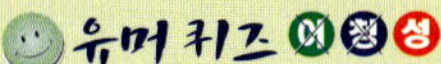

젖소에게는 4개가 있고 여자에게는 2개가 있다. 이것은?

💡 ㅣ러ㄱ

 **유머 마인드**

웃음보를 자극하는 방법

웃음보를 자극하는 방법은 크게 세 가지로 나눈다.
첫째, 갑자기 찾아온 영광의 기쁨을 느끼게 하는 것.
둘째, 빗나간 상식 또는 이성을 전달하는 것.
셋째, 언어의 유희.

↪ 오른쪽의 본문을 집안에 게시한다면 가정에 웃음꽃이 피겠죠?

모유의 장점

① 초유에는 면역성이 10배나 더 있고, 정서적 안정을 준다.
② 자동 온도조절 장치가 되어 있어 데울 필요가 없다.
③ 용기가 아름답다.
④ 촉감이 좋다.
⑤ 휴대가 간편하다.
⑥ 한쪽을 다 먹어도 스페어가 남아있다.
⑦ 빨대가 필요 없다.
⑧ 뒤로 자빠져도 쏟아지지 않는다.
⑨ 도둑 맞을 염려가 없다.
⑩ 부자 겸용(?)이다.

 **유머 펀치**

남과 같이 생각하고, 남과 같이 행동하면 남과 같이 된다.

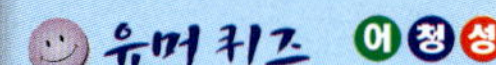

유머훈련

무인도로 1주일간 휴가를 가는데, 꼭 세 가지만 가지고 갈 수 있다. 무엇을 선택하여 가지고 가겠는가?

유머 퀴즈

사슴은 쓸개가 없다?

○ (밝은거에 말거나)

유머마인드

갑자기 찾아 온 영광

　사람은 자신보다 한 수 위인 사람에게는 긴장상태가 되고, 한 수 아래인 사람에게는 이완상태가 된다. 웃음은 이완상태에서 나오는 반응이다. 따라서 자신보다 어리석거나 멍청한 사람을 만나면 웃게되고, 이것은 자신의 자긍심(自矜心)이나 중요감(重要感)으로 연결된다. 자긍심이나 중요감은 곧 갑자기 찾아온 영광의 기쁨으로 이어지고 웃음보를 자극케 한다.

　➡ 앞으로의 본문들을 엘리베이터, 대중교통, 화장실, 집안에 게시한다면 모두 즐겁고 유익하겠죠?

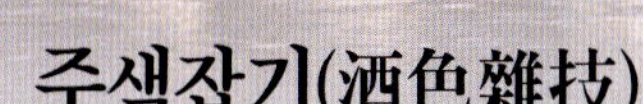

주색잡기(酒色雜技)

주색잡기에 능한 난봉이는 배의 선원이었다.
배가 난파되어 무인도에서 몇 달을 지내고 있던 어느 날,
천사가 나타나더니 난봉이의 처지를 가엾게 여겨
가장 갖고 싶은 것 두 가지 소원을 들어주겠다고 말했다.
난봉이는 흥분을 감추지 못하고 침을 튀기며 말했다.
"제일 좋은 프랑스산 포도주 한 상자하고,
지금까지 이 세상에서 산 여자 중 제일 가는 여자
한 명을 데려다 주십시오."
잠시 후 '펑!' 하고 난봉이 앞에는 포도주 한 상자와
테레사 수녀가 나타났다.

유머 펀치

지옥으로 가는 길은 쉽다.
눈을 감고서라도 갈 수 있을 정도이다.

🤔 유머훈련

지금까지 내뱉은 거짓말 중 한 가지를 취소할 수 있다면, 어떤 거짓말을 취소하고 싶은가?

😊 유머 퀴즈 ❌청⭕

북한에서는 백열전구를 '불알' 이라고 한다. 형광등은 뭐라고 할까?

💡 긴불알

 유머 마인드

갑자기 찾아온 영광의 예

누구나 돌부리에 걸려 넘어지거나 얼음판 위에서 엉덩방아를 찧은 경험이 있을 것이다. 본인이 당하면 창피하고 몸둘 바를 모르겠지만, 남이 넘어지는 광경을 목격하면 폭소를 자아낸다. 이처럼 웃음은 '나는 최소한 너처럼 어리석거나 멍청하지는 않다' 라는 갑자기 찾아온 영광의 기쁨을 느꼈기 때문에 웃게 되는 것이다.

건강한 치아 보존법

건강한 치아를 오래 보존하려면, 다음 3 가지 규칙을 잘 지켜야 한다.

① 식후엔 반드시 칫솔질을 할 것.
 　(3분 안에 3분 동안)
② 1년에 두 번은 치과의사를 찾아 갈 것.
③ 남의 일에 쓸데없이 말참견하지 말 것.

 유머 펀치
말에 의한 상처는 칼에 의한 상처보다 더 깊고 심하다.

❓ 유머훈련

이 세상에 부모를 선택하여 태어날 수 있다면, 어떤 사람의 자식으로 태어나고 싶은가?

🙂 유머 퀴즈 (X 청 성)

북한에서는 형광등의 꼬마전구(스타트 전구)를 뭐라고 할까?

씨불알

유머마인드

빗나간 상식 또는 이성

웃음보를 자극하는 또 하나의 방법으로, 빗나간 상식 또는 이성을 전달하는 것이 있다.

긴장 상태에서 이완상태로 넘어갈 때, 사람은 심리적인 안정과 함께 마음의 여유를 찾고 동시에 웃음을 웃게 된다. 빗나간 상식 또는 이성이 긴장 상태에서 이완상태로 이끌어 주는 역할을 한다.

꼬마의 아파트

25층 짜리 고층 아파트 꼭대기에 사는 꼬마가 있었다. 이 꼬마는 1층으로 내려올 때는 엘리베이터를 이용했지만, 1층에서 25층으로 올라갈 때는 늘 엘리베이터를 23층까지만 타고는, 24층과 25층은 걸어서 올라갔다. 왜 그랬을까?

정답 : 꼬마는 숏다리니까!!

유머펀치

중도에 포기하는 것을 포기하면 큰 결실을 얻는다.

유머훈련

어떠한 범죄를 저질러도 특별 사면을 보장받는다면, 무슨 범죄를 저지르겠나?

유머 퀴즈 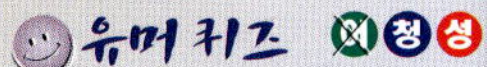

북한에서는 호텔 로비에 켜 있는 샹들리에를 뭐라고 부를까?

💡 해롱불

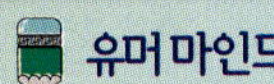
유머 마인드

빗나간 상식이나 이성의 예

누구나 한번쯤 학창시절에 고사성어나 속담을 엉뚱하게 해석하여 웃은 기억이 있을 것이다. 이러한 것들이 바로 빗나간 상식이나 이성이 되어 웃음보를 자극한다. 예를 들면 "백지장도 맞들면 찢어진다." "가다가 중지하면 간만큼 이익이다." "식당 개 3 년이면 라면 끓인다." "삶이 너를 속인다면 112로 신고해라."…….

투캅스

초대형 쇼핑 센터에 도둑이 들었다는 연락을 받고 경찰이 비상 출동했다.
그러나 도둑은 거미줄 같이 삼엄한 경계망을 뚫고 유유히 사라졌다.

고 참 : 어떻게 했기에 놓쳤어. 이 멍청아! 출구를 다 막으라고 했잖아, 짜샤!

신 참 : 출구는 분명히 다 막았습니다. 그런데 아, 글쎄 그놈이 입구로 도망갔지 뭡니까?

유머 펀치

성공하는 두 가지 방법 중 하나는 자신의 근면에 의한 것이고, 다른 하나는 남의 어리석음에 의해 덕보는 것이다.

 유머훈련

평생 한 번뿐인 결혼식을 때와 장소에 상관없이 할 수 있다면, 세계적인 나만의 결혼식을 어디서 어떻게 하고 싶나?

유머 퀴즈

신혼 첫날 신랑이 신부를 안아 영화처럼 침대 위에 던졌는데 신부가 기절했다. 왜 기절했을까?

룸 꿈혔어깹ㅓ

유머마인드

언어의 유희

언어의 유희는 과장과 축소, 풍자하기, 공통점과 차이점 찾기, 속담 뒤집기, 역발상, 생략, 카피문구 인용, 표정연기, 압축, 반대말 반죽하기, 바넘효과, 단어 비틀기, 억지부리기, 같은 말 반복하기, 좌우 뒤집기, 자신을 바보 만들기, 올가미 씌우기, 꼬리표 달기, 천연덕 떨기, 톤의 변화, 음색(사투리, 모성) 칠하기, 잔향(殘響)효과, 되받아 치기… 등 여러 가지가 있다. 이것에 대해서는 앞으로 차근차근 유머마인드 코너에 싣겠다.(바넘효과까지만)

거스름 돈

결혼식을 막 끝낸 신랑이 지갑을 꺼내며 목사에게 예식비용이 얼마냐고 물었다.

목 사 : 우리 교회에서는 예식비용을 따로 받지 않습니다. 다만 신부가 아름다운 만큼 돈을 내시면 감사한 마음으로 받겠습니다.

신 랑 : 아, 그러세요. 여기 봉투에 10만원 넣었습니다. 감사합니다!

목 사 : (신부의 얼굴을 힐끗 보더니) 여기 거스름돈 9만원 받으시오!

 유머 펀치

남을 깔보았다고 해서 그만큼 자신의 가치가 올라가는 게 아니다.

유머훈련 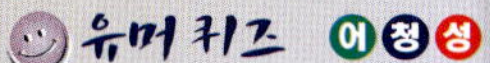

사랑과 우정을 구별할 수 있는 행동은 어떤 것들이 있을까?

유머 퀴즈 어청성

코끼리가 귀를 흔드는 것은 몸을 식히기 위한 것이다?

💡 ○

 유머 마인드

과장하기

유머에 있어서 과장법은 축소법과 함께 단골 손님이다. 과장할 때 주의 할 점은 그럴 듯한 과장, 근거 있는 과장을 해야 한다. 다양한 각도로 생각을 해 보면 과장할 일은 얼마든지 있다.

"내가 붕어를 잡았는데 글쎄 눈알이 야구공만 한 거 있지!" "내가 젊었을 땐 말야 총알을 맨손으로 잡았어!" "우리 옆집 애는 얼마나 크게 태어났는지 이틀만에 백일잔치 했잖아!" "우리 집은 인삼으로 깍두기 담가먹어!"

"이 부분을 찢어서 많은 사람이 보고 즐거움 수 있도록 붙여 주세요!"

하룻밤의 열정 때문에

개미와 코끼리가 사랑을 불태우며 하룻밤을 함께 지냈다. 다음날 아침, 개미가 일어나 보니 아 글쎄, 코끼리가 죽어 있는 것이 아닌가! 개미가 죽은 코끼리를 쳐다보며 중얼거렸다.

"슈이씨, 하룻밤 열정 때문에 남은 일생을 무덤이나 파면서 보내야 하다니!"

 유머 펀치

치밀한 사전계획을 세우는 것이 훌륭한 사후대책을 세우는 것보다 경제적이다.

처녀로 살다, 처녀로 죽다

　한 시골 마을에 평생을 독신으로 살면서 순결을 지킨 할머니가 있었다.

　죽을 날이 얼마 남지 않았음을 예감한 할머니는 마을 장의사에게 가서 자신의 묘비명을 다음과 같이 새겨달라고 했다.

"처녀로 태어나, 처녀로 살다, 처녀로 죽다."

　얼마 후, 이 할머니는 돌아가셨고, 장의사는 좋은 비석을 골라 석공에게 묘비명을 새겨달라고 부탁했다. 석공은 매우 게으른 사람이었고, 퇴근할 시간이 되자 빨리 집에 가고 싶었다. 마음이 바쁜 석공은 묘비명이 쓸데없이 길다고 생각되어 탁월한 압축력으로 원문을 5자로 줄여서 비석에 새겨 넣었다.

"미개봉 반납"

유머 펀치
　육체는 우리들의 존재가 야영하고 있는 가건물이다.

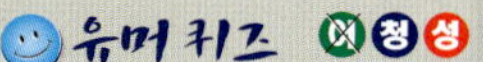

유머 훈련

나의 묘비에 새겨질 비문 중 꼭 새겨 넣어야 할 말은?

유머 퀴즈　(X)(정)(성)

남태평양 나라들의 여자들은 머리에 꽃을 잘 꽂는다. 처녀는 오른쪽, 유부녀는 왼쪽에 꽂는다. 가운데 꽂는 여자는?

 맛이 간 여자

유머 마인드

축소하기

　축소법은 과장법 보다 어렵다. 사물을 보는 눈이 예리해야 한다. 과장법은 꾸밈말을 많이 써야 되지만 축소법은 되도록 간략하게 정리해야 한다.

　"간에 기별도 안 간다.""걘 내 한 주먹거리야.""그 정도는 껌 값이지."

유머훈련

가장 아끼는 나의 소장품 중, 돈 받고 팔아서 안 되는 것 3가지는?

유머 퀴즈 어 청 성

천재 남편과 백치 아내 사이에서 태어난 아이는 어떤 아일까?

논리어이

유머 마인드

풍자하기

유머에 있어서 풍자는 시사하는 의미가 크다. 항시 시사에 밝아야 하고, 경제가 돌아가는 것에 관심을 두어야 한다. 정치꾼과 정자의 공통점은? "둘 다 인간이 되기가 극히 어렵다."

산타가 이번 크리스마스에 못 온 이유는? "음주썰매 몰다가 쌴타면허 취소됐다." "지구 온난화 현상으로 썰매 운행이 불가능했다." "루돌프 사슴이 노사분규를 일으켰다."

무엇이 될까?

어느 부부의 아들이 첫 돌을 맞이하게 되었다. 남편은 아이가 장차 어떤 인물이 될지 몹시 궁금하여 돌 상에다 지폐와 성서, 그리고 소주 한 병을 올려놓았다.

아내 : 여보, 이게 다 뭐예요?

남편 : 응, 돈을 집으면 사업가가 될 것이고, 성서를 집으면 성직자가 될 거야. 하지만 술을 집으면 술꾼이 되겠지.

드디어 아이가 돌상 앞에 앉았다. 아이는 상을 훑어보다가 지폐를 집어 손에 쥐었다. 그런 다음 다른 손으로 성서를 집어들어 겨드랑이에 끼더니 이내 소주병을 움켜잡았다.

남편 : 휴 −, 저 녀석은 앞으로 정치가가 될 것 같애.

유머 펀치

돈과 명예와 쾌락을 사랑하는 사람은 인간을 사랑할 수 없다.

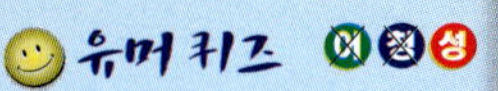 유머훈련

남북통일이 되면 좋은 점과 나쁜 점은 어떤 것들이 있을까? 3가지 이상씩.

 유머 퀴즈

강물에 어린이와 주부 그리고 정치꾼이 함께 빠졌다. 누구를 가장 먼저 건져내야 할까?

💡 정치꾼
(수많은 유권자에게)

유머 마인드

공통점 찾기

　공통점은 유머 소재다. 양쪽의 공통점이라는 '재료'를 갖고 현실이라는 '양념'을 넣어 잘 버무리면 유머라는 '요리'가 된다.
　"여자와 무의 공통점은?" "까맣게 탄 붕어빵, 총에 맞아 죽은 총잡이, 임신한 처녀의 공통점은?"

공 통 점

● 정자와 정치꾼의 공통점 : 둘 다 인간이 될 확률이 수억 분의 일이다.
● 창녀와 정치꾼의 공통점 : 돈만 주면 해준다.
● 게와 정치꾼의 공통점 : 서로 발목을 물어뜯어 앞으로 나갈 수 없다.

정치인과 정치꾼은 다릅니다!

□ 광주리 안의 게는 서로 발목을 물고 있기 때문에 뚜껑을 닫지 않아도 게들이 도망가지 못합니다.

유머 펀치
창조적인 것도 이익을 주면 예술이고, 해를 끼치면 범죄다.

유머훈련

연예계로 진출하려고 한다. 팬들의 마음을 사로잡을 만한 예명을 짓는다면 어떤 이름이 인상깊은가?

유머 퀴즈 ⊗청성

포경수술의 순 우리말 표현은?

 이우숲거리

유머 마인드

차이점 찾기

차이점도 유머의 소재다. 서로를 비교하여 차이점을 찾고, 이 것을 다시 현실에 적용한다. 차이점은 혼자 써선 안 되고 과장법과 함께 복식조를 이뤄야 한다.

"니 군번은 한 줄로 서면 보이지도 않아, 짜샤!" "니가 자동차면 나는 독수리다."(모기가 티코에게 하는 말)

앙코르

맹장수술을 마치고 마취에서 깨어난 덩달이는 이상한 느낌이 들어 자기 몸 아래를 들여다본 후 간호원에게 물었다.

덩달이 : 왜 제 물건에도 붕대를 감아 놓았죠?

간호원 : 수술을 집도하신 의사 선생님은 아주 유능한 선생님이시거든요.

덩달이 : 그래서요?

간호원 : 그래서 많은 인턴들이 견습을 했어요.

덩달이 : 아니, 그거하고 이 붕대가 무슨 상관이 있습니까?

간호원 : 수술이 끝나자 인턴들이 함성과 함께 박수를 보냈고, 선생님은 그 앙코르에 화답해서 내친 김에 포경수술까지 하셨어요.

 유머 펀치
최고의 허영심은 명성을 좋아하는 것이다.

❓ 유머훈련

지구상에서 생명을 위협하는 수많은 것들 중 한 가지를 영원히 사라지게 할 수 있다면, 무엇을 없애 버리고 싶나?

😊 유머 퀴즈 어 청 성

독사가 실수로 자기 혀를 깨물면 죽을까, 안 죽을까?

💡 놓극시

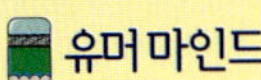

유머마인드

속담 뒤집기

"식당 개 삼 년이면 라면 끓인다." "다방 개 삼 년이면 티켓 판다." 등으로 속담을 뒤집으며 놀던 기억은 누구나 있을 것이다. 속담 뒤집기는 유머감각을 키우는 좋은 방법이다.

"가다가 중지하면 간만큼 이익이다." "삐삐 도둑이 핸드폰 도둑 된다." "소문난 잔치에 주차할 곳 없다."

모이면 살고 흩어지면 죽는다!

삼식이가 6.25전쟁에 일등병으로 참가했다.
하루는 소대장이 소대원들을 모아놓고 말했다.
"모이면 살고 흩어지면 죽는다."
이때 어디선가 쒸잉 소리를 내면서
수류탄이 하나 날아왔다.
삼식 일병이 갑자기 일어나더니
소대원들을 향해 소리쳤다.

"모여!"

✊ 유머 펀치

세상에서 성공하려면, 바보처럼 나타나 영리하게 행동하는 것이다.

 유머훈련

누구도 만들어 내지 못한 신약을 내 손으로 만들 수 있다면, 어떤 질병에 대한 신약을 만들면 좋을까?

유머 퀴즈

남자들은, 여자에게서 나는 소리 중 가장 민감한 반응을 보이는 것은 옷을 벗는 소리이다. 그렇다면 여자들은 남자의 어떤 소리에 가장 민감할까?

돈 세는 소리

 유머 마인드

역발상

역발상은 유머 감각과 창의력 훈련에 좋다. 얼굴에 코가 붙어 있는 것이 아니라 코에 얼굴이 매달려 있다고 생각하면 어떨까? 또 시계는 우리 인간들이 얼마나 시간약속을 안 지키는지를 알려 주는 기계라 생각하면 어떨까? '아름다운 장미에 가시'가 아니고 '가시나무에 이렇게 아름다운 장미가 피다니!' 마이클 잭슨은 뒤로 걷는 동작으로 히트 쳤다.

식후 세 알씩

삼식 : 의사 선생님, 제 귀에 이상이 있나 봐요, 요즘 들어서는 제 방귀소리조차 잘 들리지 않거든요,

의사 : 그러면 식후에 이 알약을 꼭 세 알씩만 복용하십시오, 금방 효과가 나타날 겁니다,

삼식 : 우 ~ 와! 그럼 이게 귀가 밝아지는 약인가요?

의사 : 아닙니다, 방귀소리를 크게 하는 약입니다,

 유머 펀치

속 시원한 소리는 속 시원한 사람을 만든다.

www.119114.co.kr

 유머훈련

신혼과 구혼은 어떻게 구별해야 되나?

유머 퀴즈

단오날 가슴이 70인치나 되는 여인이 널뛰기를 70 번하고 나면 어떻게 될 까?

눈탱이가 밤탱이 된다.

 유머 마인드

생 략

유머 마인드에서 빼 놓을 수 없는 것이 생략하는 기술이다. 꼭 말을 다 해 설명을 해야 청중이 알아듣는 것은 아니다. 중간중간 건너뛰면 오히려 청중은 중요한 대목을 놓칠세라 경청하게 된다. 또 생략과 함께 쓰는 것은 말소리를 작게 하는 것이다. 말소리가 작아지면 귓구멍은 커진다.

눈탱이 밤탱이

남편이 아침에 아내에게 하는 말,

남 편 : 여보, 미안하오! 어젯밤엔 술도 너무 마셨고, 게다가 양쪽 눈에 멍 까지 들어서 왔으니…….

이 내 : 괜찮아요. 그 멍은 집에 돌아온 후 에 든 거니까?

 유머 펀치

정통 술꾼은 분위기로 술을 마시고, 사이비 술꾼은 주량으로 술을 마신다.

유머훈련

최첨단 발명품인 '성격 개조기'가 있다. 자신의 성격 중 마음에 들지 않는 점을 고칠 수 있다면 어떤 점을 고치고 싶은가?

유머 퀴즈

서울에서 집 값이 제일 싼 곳은?

일원동 또는 삼전동

유머 마인드

카피문구

　신문이나 TV를 보면 쇼킹한 광고 카피문구가 나온다. 정말 평생 잊지 못할 정도로 인상이 깊다. 이젠 나를 위한 카피문구와 1분 짜리 TV광고 시나리오를 써보자……

　"오늘은 그이와 세 번째 만난 날. 그이가 나의 이마에 키스를 했다. 다음에 만날 때는 굽 높은 구두를 신고 나가야지……"

피 장 파 장

어느 날 선생님이 부메랑에게 물었다.

선생님 : 전깃줄에 참새 네 마리가 앉아 있었는데, 사냥꾼이 참새 한 마리를 겨냥해 총을 쐈다면 몇 마리가 남았을까?

부메랑 : 한 마리도 안 남았어요.

선생님 : 아니, 왜지?

부메랑 : 그야 총소리에 놀라 다 도망갔기 때문이죠.

선생님 : 틀렸어. 답은 세 마리야. 하지만 학생이 생각하는 게 마음에 드는군.

부메랑: 그럼, 선생님! 이번엔 제가 문제를 내겠습니다. 아가씨 세 명이 아이스크림을 먹고 있었습니다. 그 중 한 명은 아이스크림을 핥아먹고, 또 한 명은 빨아먹고, 마지막 한 명은 깨물어 먹었습니다. 그 중 결혼한 여자는 누구죠?

선생님 : 그, 그야 빨아먹은 여자지.

부메랑 : 틀렸습니다. 정답은 결혼반지를 낀 여자입니다. 하지만 선생님께서 생각하시는 게 마음에 드는군요.

유머 펀치

내가 헤아리는 만큼 그도 나를 헤아린다.

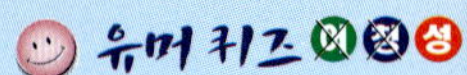 **유머훈련**

화장실에서 큰 일을 시원하게 보았는데, 아뿔싸! 화장지가 없는 게 아닌가? 이럴 땐 어떻게 해야 하나?

유머 퀴즈

'고추잠자리' 를 2 자로 줄이면?

묘크ㅣ

 **유머마인드**

표정연기

표정연기는 유머마인드와 유머훈련에 좋다.
다음 사항을 실제로 해 보라.
① 설탕인 줄 알고 한 숟가락 먹었는데, 소금이다.
② 배탈이 나서 화장실을 갔는데 앞에 세 사람이나 줄을 서고 있다.
③ 무거운 것을 들고 가다 놓쳐서 발등이 깨졌다.

화장실 낙서

어느 남자 화장실 입구에 이렇게 써 있었다.
　　－ 신사는 매너, 한 걸음 앞으로 다가서십시오!

그런데 그 밑에 누가 낙서를 해 놓았다.
　　－ 남자는 힘, 입구에서도 문제없다!

그런데 그 밑에 또 다른 낙서가 휘갈겨져 있었다.
　　－ 니껀 권총이지 장총이 아니다, 바싹 다가서라, 이놈아!

(청소 아줌마 백)

 **유머 펀치**
한 발 차이가 일류 문화를 만든다.

www.119114.co.kr

유머훈련

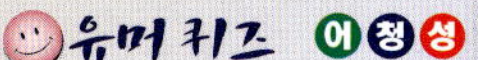

내일이면 그토록 사랑했던 애인이 떠난다. 그 사람을 영원히 기억할 수 있는 한 가지 물건을 정표로 달라고 한다면 무엇을 간직하고 싶은가?

유머 퀴즈 어정성

얼룩말의 줄무늬는 검정색이다?

💡 (扫기야뉴굴) X

유머마인드

압 축

컴퓨터에 압축파일을 쓰면 능률이 오른다. 유머에도 압축 단어나 문장을 쓰면 효과가 크다. 여러 단어나 문장을 하나로 묶어 표현하는 습관을 기르면 좋다.

전무후무(前無後無)한 일=5광보다 힘든 일.
건망증이 심한 경우=업은 아이 3년 찾기.

"이 부분을 잘라서 많이 보는 사람이 보고 즐거움을 찾을 수 있도록 붙여 주세요"

결혼이란

1 년째 : 남자가 말하고 여자는 듣는다.

2 년째 : 여자가 말하고 남자는 듣는다.

3 년째 : 둘 다 말하고 이웃이 듣는다.

유머펀치

결혼은 외교와도 같기 때문에 칭찬에 능숙하게 될 때까지 결혼해서는 안 된다.

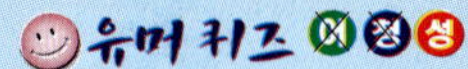

유머훈련

인생에 있어서 사랑보다 더 중요한 것이 있다면 무엇이 있을까?

유머 퀴즈

일 더하기 일은?

 웅국옷

유머마인드

반대말 반죽하기

반대말을 반죽하면 유머가 된다. "너의 불행은 나의 행복이야" "불행 끝 행복 시작" "여자의 치마가 짧아지면 남자의 시선은 길어진다" "지갑이 가벼우면 마음은 무거워 진다"…….

산토끼의 반대말을 아는 대로 써 보라.

10개 이상이면 합격!

고것이 알고 싶다

① 물의 반대말은 불. 그러면 물고기의 반대말은 불고기인가?

② 지방에서 서울로 가면 올라간다고 한다, 평양에서 서울로 가면 내려가는 건가?

③ 세월이 약, 그러면 양력은 양약이고 음력은 한약인가?

④ 산전수전 다 겪은 사람을 보고 쓴맛 단맛 다 봤다고 하는데, 그렇다면 산전은 쓴맛이고 수전은 단맛일까?

⑤ 왜 같이 똑똑했는데 안에 있는 사람은 편하고, 밖에 있는 사람은 미치는 걸까?(화장실)

⑥ 짐승만도 못한 놈과 짐승보다 더한 놈 중, 도대체 어느 놈이 더 나쁜 놈일까?

⑦ 왜 접대부 생활을 하면서 대학에 다니면 모범생이고, 대학에 다니면서 접대부 생활을 하면 문제아인가?

유머 펀치

노하우는 작업자 스스로 수 없는 시행착오를 통해 발견해 내는 것이다.

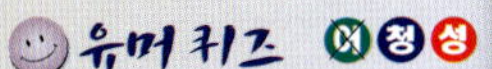 유머훈련

어쩔 수 없는 사정이 생겨 팬티 바람에 출근하게 되었다. 화들짝 놀라는 직장 동료들에게 무어라 말할까?

유머 퀴즈

과일을 자르는 칼을 '과도' 라 한다. 그러면 눈과 구름을 자르는 칼은?

 吊공룡

유머마인드

바넘 효과

영화나 드라마를 보고 있으면 "어쩌면 내 경우와 저렇게도 똑같을 수가 있을까?"하는 경우가 종종 있다. 그리고 혈액형으로 본 성격이나 심리 테스트에 의한 자료를 보면 "우와, 족집게다!"라고 감탄한 적이 있을 것이다. 그러나 이러한 것은 심리적인 '바넘 효과'로, 누구에게나 있을 법한 심리적 상태를 한 개인에게 특정 지워 말하는 것일 뿐이다. 바넘 효과는 유머에 있어서 양념이다.

남자의 나이와 불

10대 : **성냥불이다.** 왜? 슬쩍 긁기만 해도 활활 타오른다.

20대 : **장작불이다.** 왜? 겉으로 보기에도 강한 화력에다 근처에만 가도 뜨겁다.

30대 : **연탄불이다.** 왜? 겉으로 보면 그저 그래도 은은한 화력을 자랑한다.

40대 : **화롯불이다.** 왜? 겉으로 보기에는 죽은 것 같지만 자세히 뒤져보면 아직 살아 있다.

50대 : **담뱃불이다.** 왜? 힘껏 빨아야지만 불이 붙는다.

60대 : **반딧불이다.** 왜? 불도 아닌 것이 불인 척한다.

 유머 펀치

아무리 좋은 날씨라도 밤이 오지 않을 수 없다.

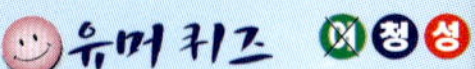 **유머훈련**

오늘 하루를 성이 바뀌어 (남자는 여자, 여자는 남자) 생활할 수 있다면 제일 먼저 하고 싶은 일과 가고 싶은 곳은?

유머 퀴즈

'훔친다' 의 과거형은 '훔쳤다' 이다. 미래형은?

훔늠울

 유머 마인드

음담패설은 신중하게

음담패설(淫談悖說)을 잘못 사용하여 낭패를 보는 일이 종종 있다. 낭패를 보는 것을 떠나 인간성과 인격을 의심받을 수 있다. 아주 친한 친구나 동료가 아니라면, 아예 생각조차 하지 말아야 한다. 왜냐하면 얘기를 듣는 동안에는 낄낄대고 웃지만 돌아서면 "저런 지저분한 놈!"이라고 낙인찍힌다.

여자의 나이와 과일

10대 : **호도다.**   왜? 까기도 어렵고 까 보았자 먹기도 어렵고 먹을 것도 별로 없다.

20대 : **밤이다.**   왜? 까기는 정말 어렵지만 일단 까기만 하면 그냥 먹어도 맛있고, 쪄서 먹어도 맛있고, 삶아먹어도 맛있고…. 정말 끝내준다.

30대 : **수박이다.**   왜? 칼을 대기만 해도 쫙 벌어지는데, 물도 많고 먹으면 먹을수록 시원하고 맛있다.

40대 : **석류다.**   왜? 때가되면 알아서 벌어진다.

50대 : **토마토이다.**   왜? 과일도 아닌 것이 과일인 척 한다.

60대 : **모과다.**   왜? 먹지도 못하는 데 냄새만 풍긴다.

 유머 펀치

육체적 우위가 예상외로 심리적 우위를 만들어 낸다.

❓ 유머훈련

미래 중, 어느 날 하루만을 미리 볼 수 있는 컴퓨터가 있다. 어떤 날을 보고 싶은가?

😀 유머 퀴즈 (X)(정)(성)

하루에 100원씩 1년을 내면 1억 원을 탈 수 있는 친목계는?

💡 계오일곱날

 유머 마인드

유머치?

　노래를 못하면 음치, 유머 감각이 없으면 '유머치' 이다. 음치 클리닉을 통해 음치를 탈출하듯이 유머치 클리닉을 통해 유머치를 탈출해야 한다. 2000년부터 '유머 아카데미'가 탄생한다. 전국의 유머치께서는 치료받길 바란다.
　www.119114.co.kr로 들어가면 입학할 수 있다. 유료와 무료가 있다.

컴퓨터 통신과 섹스의 공통점

① 무료와 유료가 있다.

② 잘못하면 바이러스에 감염된다.

③ 다른 사람의 것을 몰래 사용하는 나쁜 사람들도 있다.

④ 요즘 들어 조기교육의 중요성이 부각되고 있다.

⑤ 얼마 전부터 불법에 대한 단속이 심해졌다.

⑥ 아차! 실수하면 수정이 불가능하다.

⑦ 평상시에는 크기를 줄여 놓았다가 실행할 때는 다시 늘린다.

⑧ 개개인이 소지하고 있는 것에 따라 속도와 시간이 차이 난다.

⑨ 이 시간에도 세계 어느 곳에서 누군가 분명히 하고 있다.

⑩ 개나 소나 다 한다고 난리다.

 유머 펀치
　스포츠나 게임에서 얻은 경험은 인생의 경험과 흡사하다.

누군가를 납치하여 방에 가두고 고문을 할 수 있다면, 누구를 어떤 방법으로 고문할 것인가?

광화문 네거리의 이순신 장군의 동상을 보면 장군께선 칼을 오른 손에 쥐고 있다?

옛날 유머

술과 친구는 오래 될수록 좋다고 했던가? 유머도 오래 될수록 좋다. 왜? 사람들의 기억 속에서 사라졌기 때문에 새로운 유머로 다시 태어날 수 있기 때문이다. 단, 아주 오래 전의 유머이어야 한다. 어중간 한 것은 '썰렁' 해져 본전도 못 찾는다.

아직 광주사태는 끝나지 않았다!

노인 : 신부님! 저는 죄를 지었습니다. 광주사태 때 대학생 한 명을 다락방에 숨겨주었습니다.

신부 : 그건 죄가 아닙니다. 의로운 일을 하신 겁니다.

노인 : 그런데 숨겨주면서 일주일에 삼만 원씩 받기로 하고 숨겨주었습니다.

신부 : 저런! 하지만 고해하셨으니 괜찮습니다.

노인 : 그런데 신부님, 그 학생에게 광주사태가 끝났다고 아직 얘기를 안 해주었는데요…….

정보 입수에 뒤떨어지면 통장 잔액이 줄어든다.

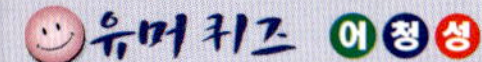 유머훈련

 'TV 공개 구혼!'에 출연하여 자신을 소개해야 한다. 10초 내외로 자신에 대한 인상깊은 소개를 해 보라.

 유머 퀴즈  어 정 성

사람이 물에 빠졌을 때 구명보트로 몇 명까지 구할 수 있나?

💡 답6

 유머 마인드

기꺼이 웃기

　상대방이 유머를 구사하면 재미가 있건 없건 기꺼이 웃어 주자. 그렇게 해야 되는 이유가 있다. 입장을 바꿔 놓고 생각하면 답은 바로 나온다. 인간관계의 세련된 테크닉이고, 성공으로 가는 축지법(縮地法)이다.

헤드라인

TV 9시 뉴스를 보던 삼순이가 "헤드라인 뉴스를 말씀드리겠습니다."라는 앵커의 말을 듣고 오빠인 삼식이에게 물었다.

삼순 : 오빠, '헤드'가 뭐야?
삼돌 : 그건 말이지, 머리라는 뜻이야.
삼순 : 그럼 '라인'은 무슨 뜻이야?
삼돌 : 응, 선이라는 뜻이야.

- 그러자 삼순이는 고개를 갸웃거리며 다시 물었다. -

삼순 : 오빠, 그럼 '헤드라인'은 무슨 뜻인데?
삼돌 : 으응, 그건 가르마야.

 유머 펀치
어리석은 사람도 입을 다물고 있으면 똑똑해 보인다.

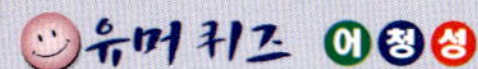

❓ 유머 훈련

'TV 공개 구혼!'에 출연하여 자신을 소개해야 한다. 10초 내외로 자신에 대한 인상깊은 소개를 해 보라.

😊 유머 퀴즈 어청성

사람이 물에 빠졌을 때 구명보트로 몇 명까지 구할 수 있나?

 읽6

유머 마인드

기꺼이 웃기

상대방이 유머를 구사하면 재미가 있건 없건 기꺼이 웃어 주자. 그렇게 해야 되는 이유가 있다. 입장을 바꿔 놓고 생각하면 답은 바로 나온다. 인간관계의 세련된 테크닉이고, 성공으로 가는 축지법(縮地法)이다.

헤드라인

TV 9시 뉴스를 보던 삼순이가 "헤드라인 뉴스를 말씀드리겠습니다."라는 앵커의 말을 듣고 오빠인 삼식이에게 물었다.

삼순 : 오빠, '헤드'가 뭐야?

삼돌 : 그건 말이지, 머리라는 뜻이야.

삼순 : 그럼 '라인'은 무슨 뜻이야?

삼돌 : 응, 선이라는 뜻이야.

- 그러자 삼순이는 고개를 갸웃거리며 다시 물었다. -

삼순 : 오빠, 그럼 '헤드라인'은 무슨 뜻인데?

삼돌 : 으응, 그건 가르마야.

✴ 유머 펀치

어리석은 사람도 입을 다물고 있으면 똑똑해 보인다.

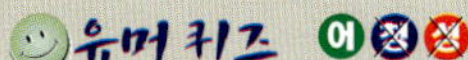 유머훈련

지금까지 그 누구도 만들어 내지 못한 새로운 가전 제품을 발명할 수 있다면, 어떤 물건을 만들고 싶은가?

유머 퀴즈

돼지는 왜 꽁지를 흔드는가?

 꽁지가 돼지를 못 흔드니까

유머 마인드

실패를 두려워하지 않기

유머 구사시 경계해야 할 심리적 상태는 "이게 안 먹히면 어쩌지?" "폭소가 안 터지면 어쩌지?" "썰렁하다고 그러면 어쩌나?" 등등이다. 그러나 겁먹지 말고, 불굴의 의지로 중단 없는 전진을 해야 한다! 썰렁한 단계는 어차피 거쳐야 할 정거장이다. 그리고 썰렁해도 나는 손해볼 것이 없다. 왜? 무료 연수 기회니까 듣는 사람들만 고달프지~이.(맞아! 맞아!)

스페어 엔진

독일 여행을 간 덜렁이가 폭스바겐(맹꽁이 차)을 렌탈하여 아우토반에서 폼을 잡고 운전하다가 차가 그만 고장이 났다. 덩달이는 엔진 상태를 알아보기 위해 차 앞쪽의 본네트를 열었다. 그런데 이게 웬일인가? 차의 엔진이 없는 게 아닌가!

"어이쿠, 큰일났네!" 덜렁이는 소리지르며 지나가는 차를 불러 세웠다. 차에서 내린 독일사람에게 덜렁이는 엔진을 도둑맞았다며 차 앞쪽의 텅빈 본네트를 보여주었다. 그러자 그 독일 사람은 웃음을 터뜨리며 차의 뒤쪽 트렁크를 열어 덜렁이에게 보여 주었다.

그러자 엔진이 그곳에 떡 하니 있는 게 아닌가!

그걸 보고 놀란 덜렁이 왈.

"우와! 독일 차엔 스페어 엔진도 다 있네!"

유머 펀치

발견을 저해하는 최대의 장애는 무지가 아니라 알고 있다고 착각하는 것이다.

거짓말이야!

①**정치가** : 난 한 푼도 안 받았어요.

②**교장** : 마지막으로 한마디만 간단하게 말씀드리면…,(조회 때)

③**기장** : 승객 여러분, 아주 사소한 문제가 발생했습니다.

④**친구** : 이건 정말 너한테만 말하는 거야.

⑤**간호사** : 이 주사 하나도 안 아파요.

⑥**건설업자** : 혼을 담은 시공, (나중에 보면 혼이 나간 시공)

⑦**A/S기사** : 이런 고장은 처음 보네요.

⑧**국회의원** : 당선되면 열심히 일하겠습니다.

⑨**플레이보이** : 너를 사랑했기 때문이야! (끝나고 담배 피우며)

⑩**아파트 신규 분양** : 지하철역에서 걸어서 5분 거리

유머 펀치

거짓말은 속이기 위한
의사소통이다.

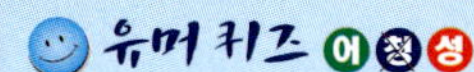

유머 훈련

누군가를 감옥에 집어 넣을 수 있다면, 누구를 어떤 형벌로 가둬 버리 겠는가?

유머 퀴즈 어 창 성

죽었다 깨어나도 못하는 것은?

💡 늙어서 다시 태어나는 것

유머 마인드

심의, 식의, 약의, 사의

　의사(醫師)를 네 종류로 나눈다면 마음의 안정과 신념으로 치료하는 심의(心醫), 먹는 것을 조절하여 질병을 다스리는 식의(食醫), 진단 후 약을 처방하는 약의(藥醫), 가짜 약을 명약이라 속여 처방하는 사의(詐醫)이다. 네 종류의 의사 중 명의(名醫)는 심의이다. 유머가 풍부한 사람은 마음의 변비를 치료해 주는 심의(心醫)이다.

유머훈련

타임머신을 타고 과거로 돌아가 어느 지점부터 인생을 다시 시작할 수 있다면 몇 살부터 어떻게 다시 살고 싶은가?

유머 퀴즈 ⊗ 청 성

수박을 따는 데 가장 적당한 시기는?

💡 호랑이 장가갈 때

유머 마인드

금메달과 보약

올림픽의 금메달은 그 뒤에 숨어 있는 선수의 노력을 말 해 준다. 챔피언의 영광은 그에 걸맞은 훈련의 양이 있기 때문에 가능하다. 보약을 많이 먹고 비디오를 분석했다고 해서 금메달을 따는 것이 아니다. 금메달은 연습량이 말해 준다. 유머 감각도 보약으로 얻어지는 것이 아니고 연습량으로 얻어지는 것이다. 왜냐하면, 유머도 기능이기 때문에…….

이유 같지 않은 이유

조직폭력배가 죽어서 저승사자 앞으로 갔다.

저승사자 : 너는 살면서 착한 일을 많이 했다고 생각하느냐, 아니면 나쁜 짓을 더 많이 했다고 생각하느냐?

조 폭 배 : 글쎄요, 저는 양쪽 똑같이 했다고 생각하는데요.

저승사자 : 오호! 어째서 그렇게 생각하느냐?

조 폭 배 : 예, 저는 나쁜 짓을 하고 나면 꼭 뉘우치곤 했거든요.

유머 펀치
종교는 생각이 아니고 실천이다.

 유머훈련

문명의 이기(利器) 중 한 가지를 이 세상에서 사라지게 할 수 있다면, 무엇을 없애고 싶은가?

유머 퀴즈 〔어〕〔정〕〔성〕

낙지의 심장은 1개다?

X (낙지는 3개다)

유머 마인드

웃음과 신경통

각종 신경통, 류머티스로 고생하는 사람도 웃고 있을 때는 아픔을 전혀 못 느낀다. 신기하다. 이는 웃을 때, 우리 뇌 속의 '탈라무스'라는 곳에서 '베타 엔돌핀'이라는 뇌 호르몬 물질이 분비되기 때문이다. 베타 엔돌핀은 누구에게 빌릴 수도, 돈 주고 살 수도, 훔쳐올 수도 없다. 본인이 웃을 때만 생긴다. 웃자!!

이 책을 잘라서 많은 사람이 보고 즐거울 수 있도록 붙여 주세요!

작 명

어느 날, 술에 만취가 된 한 남자가 미군부대 앞을 비틀거리며 지나가고 있었다. 부대 앞에서 보초를 서던 미군 한 명이 웃는 얼굴로 그에게 물었다.

미군 : What's your name?
취객 : 혀가 꼬부라진 목소리로 자기 이름을 말했다.
미군 : (얼굴을 붉히며 다시 물었다) What's your name?
취객 : 아까처럼 대답했다.
미군 : (씩씩대며 다시 물었다) What's your name?

　- 취객이 여전히 같은 말을 되풀이하자 미군은 분을 참지 못하고 그 자리에서 총을 뽑아 남자를 쏘고 말았다. -
다음날 아침, 신원확인을 위해 시체를 살피던 경찰은 바지에서 피살자의 주민등록증을 발견했다. 거기엔 이렇게 적혀 있었다.
　'성명 : 박 규'

 유머 펀치

곰은 쓸개 때문에 죽고, 사람은 혀 때문에 죽는다.

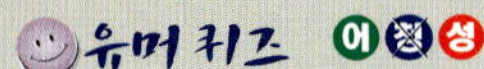

회사에서 1년간 유급 휴가를 받는다면, 그 기간 동안 어떤 일들을 하며 지내고 싶은가?

소변과 대변 중 어느 것이 먼저 나오나?

정답 : 소변

유머마인드

생생한 느낌은 경계대상

너무 생생한 느낌을 주는 유머는 경계해야 한다. 분위기를 망치거나 뒤돌아 서면 욕을 먹기 십상이다. 예를 들어, 배탈이 나서 나오는 설사를 '갈아만든 똥'이라고 표현한다면 웃기는 소리는 될 수 있어도 느낌이 개운하지 않다. 유머는 깔끔한 느낌이 중요하다.

화장실 안의 10감정

① **당황** : 급해서 찾아간 화장실 문 앞에 사람들이 줄줄이 줄을 섰을 때,

② **갈등** : 변기통 속에 빠져버린 500원 짜리 동전을 주워야 하나 말아야 하나,

③ **슬픔** : 쏟아 부은 힘보다 성과(?)가 미약할 때,

④ **상쾌** : 예상보다 많은 양의 물건(?)을 처리할 때,

⑤ **불쾌** : 옆 칸 사람의 볼일 보는 소리가 너무 요란할 때,

⑥ **배신** : 늦게 온 사람이 나보다 먼저 들어갈 때,

⑦ **불안** : 끝내려면 아직도 멀었는데 밖에서 여러 사람들이 기다릴 때,

⑧ **미안** : 공 들여 힘 조절하고, 조준까지 했건만 변기 가장자리에 그걸 묻혔을 때,

⑨ **황당** : 끝내고 바지를 올리는 순간 뒤 주머니에 있던 지갑이 변기 안으로 빠질 때,

⑩ **죄송** : 아주 진한 향기를 남기고 나오며 다음 사람의 얼굴을 쳐다볼 때,

유머 펀치

화장실 안에서의 '자투리 시간'을 어떻게 보내느냐에 따라서 다이아몬드를 생산하기도 하고, 돌을 생산하기도 한다.

유머훈련

성공한 결혼과 실패한 결혼을 가르는 기준은 어떤 것인가?

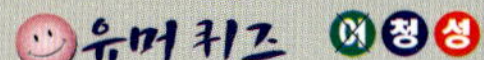

유머 퀴즈

1년 12달 중, 여자들이 말을 제일 적게 하는 달은?

2월
(2월은 28일까지 밖에 없으니까)

유머마인드

가장 멋진 미소

얼굴에 미소를 지은 후, 거울을 한번 유심히 보라. 그리고 나서 볼펜을 어금니 깊숙이 끼워 물고 난 후, 표정을 고정한 채 볼펜을 빼내어 보라. 이 상태에서 자연스런 표정으로 정리를 하면 가장 멋진 자신의 미소가 된다. 하루에 한 번은 꼭 실천해 보라. 인상이 바뀌면 인생이 바뀐다.

머피도 놀란 징크스 10

① 치과병원이 문 닫는 토요일 오후부터 치통은 시작된다.

② 라디오를 틀면 언제나 제일 좋아하는 노래의 마지막 부분이 흘러나온다.

③ 헤어스타일을 바꾸려 미장원으로 향하면, 만나는 사람마다 스타일 멋지다고 한다.

④ 펜이 있으면 메모지가 없고, 메모지가 있으면 펜이 없고, 펜과 메모지가 있으면 메모할 일이 없다.

⑤ 편지를 풀칠로 봉한 직후에 기가 막힌 문구가 떠오른다.

⑥ 집에 가는 길에 먹으려고 생각한 초콜릿은 언제나 쇼핑백의 맨 밑바닥에 깔려 있다.

⑦ 버스 안에서 오래간만에 듣는 좋은 노래가 나올라치면 꼭 정류장 안내방송이 나온다.

⑧ 쇼핑하면서 좀 창피하다고 생각되는 물건일수록 계산대의 바코드가 잘 찍히지 않는다.

⑨ 양손에 들고있는 물건이 무거울수록, 옮겨야 하는 거리가 멀수록 코는 더 가렵다.

⑩ 코를 심하게 고는 쪽이 꼭 먼저 잔다.

유머 펀치

최선을 다한 일에도 아직 개선의 여지가 있다.

유머훈련

현존하는 여러 가지 잘못된 편견들 가운데 가장 잘못된 편견은 무엇이라 생각하는가?

유머 퀴즈 어·천·성

가장 급하게 만들어 먹는 떡은?

벼락치기떡

유머 마인드

유머와 범죄

피카소에게 붓이 없다면 말이 안 된다. 마찬가지로 사람에게 유머가 없어도 말이 안 된다.

일본의 외무부 장관이 미국 의회에서 연설을 마친 후, 미국 기자에게 "저의 연설이 어땠습니까?"하고 물었다. 미국 기자는 다음과 같이 말했다. "내가 30분 동안 귀를 기울여 들었는데 유머가 한 번도 없었습니다. 이건 범죄행위입니다."

한국을 빛낸 위인

세계적인 육상선수인 칼 루이스와 벤 존슨이 한국에 왔다.

그들은 이곳 저곳을 구경하기 위해 전철을 탔다.

마침 전철 한 구석에 빈자리 하나가 보였다.

그래서 둘은 먼저 빈자리에 앉는 사람이

그날 저녁을 얻어먹기로 하고 죽기 살기로 뛰었다.

과연 누가 빈자리에 앉았을까?

- 우리 나라 아줌마! -

유머 펀치

고운 사람 미운 데 없고,
미운 사람 고운 데 없다.

유머훈련

어떤 잡지든 상관없이 다 음호의 표지 모델이 될 수 있다. 무슨 잡지의 표지 모델이 되고 싶은가?

유머퀴즈

길이가 2Km나 되는 발은?

정답은(킬로미터 4Km)

유머마인드

비용과 효용

쌀집 개의 털은 하얗고, 연탄집 개의 털은 까맣다. 환경 때문이다. 유머감각을 위해 유머러스한 사람과의 만남을 자주 갖는 것은 큰 도움이 된다. 사람을 만나면 비용(費用)이 들겠지만 그래도 돈으로 따질 수 없는 효용(效用)이 더 크다. 비용 〈 효용 = OK

너무 비싸

삼순이는 몇 달째 집을 나가 들어오지 않는 남편 삼돌이를 찾기위해 광고를 낼 생각으로 신문사에 전화를 했다.

삼순 : 광고 게재료는 얼마나 되지요?

광고 담당자 : 센티미터당 1만원입니다.

삼순 : (깜짝 놀라며) 하나님 맙소사!

　　　"우리 남편의 키는 1m 80cm 라구요!"

유머펀치

m 단위로 보면 어렵지만 Cm로 보면 쉽고 손에 잡힌다.

 유머훈련

우리 나라에서 있는 법 중, 쓸데없는 법을 한가지 없애버릴 권한이 주어진 다면 어떤 법을 없애겠 나?

유머 퀴즈 어 청 성

국회 의사당 건물을 떠받 치고 있는 기둥의 숫자는 24개이다?

○ (정답 기둥 24개)

유머 마인드

360도 생각

혼자 뛰면 1등 한다. 유머의 소재도 남들이 전부 매달리는 분야에 얽매이지 말고, 미개척 분야나 틈새 시장을 파고들어야 한다. 이태리에는 이태리 타올이 없고, 중국에는 자장면이 없고, 터키에는 터키탕이 없고, 아라비아에선 아라비아 숫자를 쓰지 않는다. 주위의 사물을 보고 360도로 생각하는 습관을 길러야 한다. 성공하려면 처음이 좋다!

성경말씀

입영통지서를 받은 뺀질이가 징병관 앞으로 전보를 쳤다.

뺀질이 : 소집에 응할 수 없어 유감임. 누가복음 14장 20절을 참조하기 바람.
　- 징병관이 성경을 찾아보니 이렇게 쓰여 있었다. -
　"내가 장가들었으므로 가지 못하겠노라."
　- 얼마 후 뺀질이에게 국방부의 징병관으로부터 회신이 왔다. -

징병관 : 귀하의 전문에 관하여 마태복음 8장 9절을 참조하기 바람.
　- 뺀질이가 성경을 찾아보니 이런 내용이었다. -
　"나는 수하에 병사들을 두고 있어 내가 이 사람더러 가라 하면 가고, 오라 하면 오느니라."

추신 : "빨리 와, 따샤!"

 유머 펀치

참여하지 않으면 헌신이란 없다.

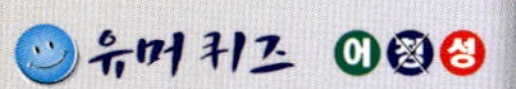 **유머훈련**

나의 지난 과거 중 마음에 들지 않는 일년을 다시 살 수 있다면 어느 해를 어떻게 다시 살고 싶나?

유머 퀴즈 어 쩡 성

미국 대통령이 사는 집은 '화이트 하우스', 우리 나라 대통령이 하는 집은 '블루 하우스' 라 한다. 그러면 투명한 집은 영어로?

 무허운 답정

 **유머 마인드**

낱말 잇기

낱말 잇기 게임은 남녀노소 모두가 즐기는 전통의 게임이다. 유머 감각을 키우는데 효과적이다. "엘리베이터 =〉 터미네이터 =〉 터줏대감 =〉 감나무 =〉 무장공비 =〉 비유 =〉 유머……"

다양한 표현과 어휘력 강화를 위해 꼭 권한다.

유치원 영어

다섯 살 난 조카가 유치원에서 배운 짧은 영어를 대학생인 삼촌에게 자랑하느라 이런저런 문제를 냈다.

조카 : 삼촌! 삼각형이 영어로 뭔 줄 알아?

삼촌 : 글쎄.

조카 : "트라이 앵글" 이야.

　　　 - 우쭐해진 조카에게 이번엔 삼촌이 물었다. -

삼촌 : 그럼 동그라미는 영어로 뭐 ~ 게?

　　　 - 당황하는 기색을 보이던 조카가 대답했다. -

조카 : 탬버린!

유머 펀치
세대차이보다 더 무서운 것은 수준차이이다.

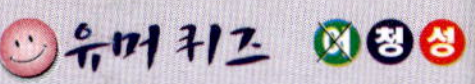

결혼에 대해 사람들이 착각하고 있는 점이 있다면 어떤 것들인가?

유머 퀴즈 ✕청성

가장 달콤한 술은?

롱콩

유머 마인드

뜻 잇기

낱말 잇기와 뜻 잇기는 사돈지간이다. 뜻을 이어가다 보면 의외의 상황과 만나는 데 의외의 상황은 유머 창고이다. 낱말을 보면서 그와 연상되는 것들을 생각해 보는 습관을 기른다. "원숭이 엉덩이는 빨개, 빨가면 사과, 사과는 맛있어, 맛있으면 바나나, 바나나는 길어……."

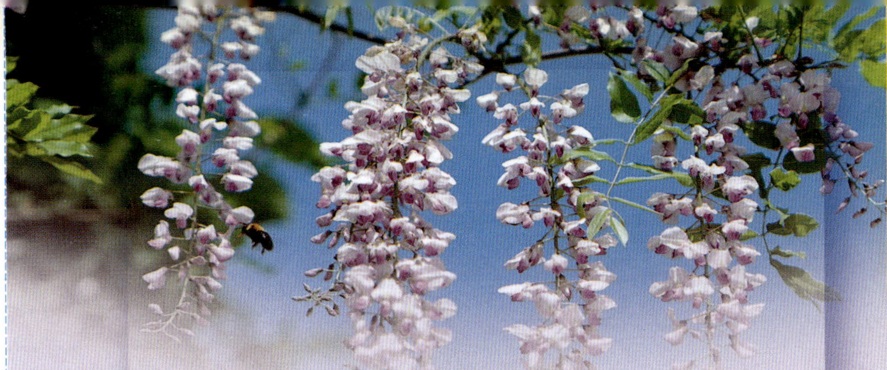

아내의 사이즈

칠복이가 아내의 생일을 맞아 선물을 사러 백화점 속옷 코너를 들렀다.

칠복 : 예쁜 부인용 팬티 좀 보여주세요.

점원 : 사모님 사이즈가 어떻게 되시죠?

칠복 : 자세한 건 잘 모르겠는데, 45인치 TV앞을 지날 때면 화면이 전혀 안 보이던데요.

유머 펀치
아내의 사이즈를 알면 인생이 즐겁다.

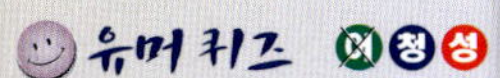

? 유머훈련

아프리카 원주민에게 신발을 팔려면 어떤 점을 선전의 포인트로 삼아야 하나?

😊 유머 퀴즈 ❌청성

아주 오래 전에 건설된 다리를 무어라 부르나?

💡 ㄴ리ㄷㄱ러ㅣ

🖍 유머마인드

엉뚱한 생각

코끼리를 냉장고에 집어넣는 2단계 방법은? "냉장고를 코끼리에게 먹인다." "코끼리를 까 뒤집는다." 답은 현실적으로 전혀 불가능한 이야기다. 그러나 이런 엉뚱한 내용의 퀴즈는 황당하지만 우리를 즐겁게 하는 생활의 활력소가 되고 유머 감각의 길잡이다. 엉뚱해져 보자.

"2차 대전이 일어나기 전에, 2차대전은 원래 누워 있었다!"

길 가다가 가려우면

군대에서 행군중이었다. 장교 한 사람이 아까부터 계속 철모를 벅벅 긁어대고 있었다. 옆에 있던 사병이 이상히 여겨 장교에게 물었다.

사병 : 장교님, 지금 뭐 하십니까?
장교 : 응, 머리가 가려워서 그래.
사병 : 아이쿠, 이런! 그럼 철모를 벗고 긁으셔야죠?
장교 : 이런 바보봤나, 그럼 넌 길 가다가 엉덩이가
　　　 가려우면 바지 벗고 긁냐?

💥 유머 펀치
위인의 결점은
바보들의 위안이다.

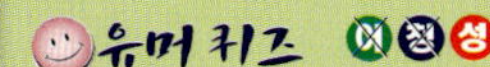 유머훈련

친구가 사 준 복권이 1등으로 당첨됐고, 이 사실을 친구가 알았다. 친구에게 뭐라고 말하겠는가?

유머 퀴즈

'죽마고우' 란?

죽치고 마주 앉아서 고스톱 치는 친구

 유머 마인드

상사와 부하의 웃음

　사회생활의 대화에서 웃음은 약방의 감초이다. 일반적으로 상사와 부하의 대화에 있어서 부하가 약 3배 정도 더 많이 웃는다. 상사는 정말 웃겨야 웃는데 반해 부하는 조금만 웃겨도 폭소에 가까운 웃음을 웃는다. 왜 그럴까?

책임졌네!

그날도 만년 계장 칠복이는 부하직원들과 함께 3차로 향하며 말했다.

칠복이 : 야, 너희들 나 책임질 수 있어? (딸꾹!)
부하들 : 그럼요, 걱정 꽉 붙들어 매십시오.

－ 결국 칠복이는 3차에서 술을 마시다 잠이 들어 골아 떨어지고 말았다. 다음날 아침 서늘한 한기에 잠을 깼다. 칠복이는 자신의 배 위에 올려진 짤막한 메시지와 함께 도로 위에 누워 있는 자신을 발견했다.

"밟지 마시오."

 유머 펀치

누군가를 알고 싶으면 이렇게 물어라.
그 사람의 친구가 누구냐고……．

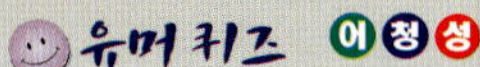 유머훈련

저 세상에서 히틀러를 만난다면 제일 먼저 무슨 말을 할 까?

유머 퀴즈　어정성

미국의 대통령과 부통령은 여행을 같이 다닐 수 있다?

 (다없 수 울이공 에행여) X

 유머 마인드

미소에서 폭소까지

일반적으로 유머를 구사하는 사람들의 스트레스는, "내가 이 말을 해서 썰렁해 지거나 상대방이 웃지 않으면 어쩐다?" 하는 걱정이다. 그러나 걱정할 것 하나 없다. 유머는 미소에서 폭소까지 모두 유머니까. 비록 썰렁한 유머라 할찌라도 유머는 유머. 자신을 갖고 덤비기 바란다.

가장 확실한 예언

많은 사람들이 전쟁이 언제 끝날지 몰라 매우 불안해하고 있었다. 그런데 한 정치가가 전쟁이 두 달 안으로 종결될 것이라고 큰소리를 치고 다니는 것이었다. 기자가 그를 찾아 인터뷰를 했다.

기　자 : 많은 군사전문가들도, 심지어 점쟁이들까지도 예측하지 못하고 있는데, 어떻게 그런 확신을 하실 수 있는 거죠?

정치가 : 이번 전쟁에, 우리 둘째 아들놈이 참가했기 때문입니다.

기　자 : 네?

정치가 : 그 녀석은 직장이든 뭐든 두 달 이상 넘기는 꼴을 내가 못 봤거든요.

유머 펀치

인간은 다른 인간과 동화함으로써 안심을 한다.

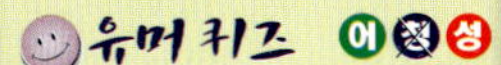 유머훈련

내가 원하는 장소 2곳에 도청 장치를 설치할 수 있다면, 어느 곳에 설치하겠는가?

유머퀴즈

가을에 내리는 비는 가을 비, 겨울에 내리는 비는 겨울 비이다. 그러면 봄에 오는 비는?

 샤비

 유머마인드

어휘력

대화시 어휘력이 달려서 '거시기' '왜 있잖아?' '그러한'…. 등을 연발하는 사람이 있다. 이런 사람과 대화를 하다보면 상대방의 의사를 정확히 알아내기가 어렵다. 유머를 구사하는 사람이 어휘력이 달릴 경우 유머의 강도와 느낌은 반감된다. 어휘력을 키우자!

지짐이

영어 시험시간이었다.

삼식이 : 8번 문제 'before'의 뜻이 뭐야?
똘똘이 : (조용히) 전이야!

- 다음 영어시간 -
선생님이 삼식이를 불렀다.
"요놈! 8번 답을 '지짐이'라고 쓴 놈이 네놈이지?"

유머펀치
남의 뒤에 말을 타면 떨어지기 쉽다.

유머훈련

현역 스포츠 선수 중 한 명으로 변신할 수 있다면, 누구로 변신하고 싶은가?

유머 퀴즈

발바닥 가운데가 움푹 패인 이유는?

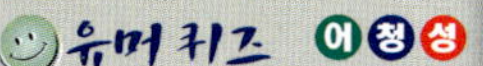

지구가 둥그니까

유머마인드

국어사전 정독

어휘력이 풍부한 사람은 자신이 가지고 있는 생각을 다른 사람에게 정확하게 표현할 수 있다. 하지만 어휘력이 부족한 사람은 자신의 생각을 효과적으로 표현할 수 없기 때문에 남을 이해시키거나 설득하는 데 한계가 있다. 어휘력을 키우기 위해 국어사전을 찾아보지 말고 읽어 보자. 정독으로!

체육시험

육상 경기에서 서서 출발하는 '스탠딩 스타트'와 엎드려서 출발하는 '크라우칭 스타트'를 묻는 체육시험 문제가 출제되었다.
선생님이 답안지 채점을 끝내고 시험지를 나눠주면서 어이없다는 표정으로 말했다.

"언놈이야?"
"'오이땅' '준비땅'이라고 써논 놈이!"

유머펀치

인간은 타인의 경험을 이용하는 특수한 능력을 지닌 동물이다.

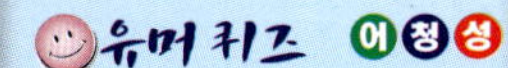

유머훈련

대기업의 사장이 되기 위해 가장 우선되는 능력은 어떤 것인가?

유머퀴즈 

"할아버지 발은 큰 발이다"를 4자로 줄이면?

류해그림국

유머마인드

필 링

유머가 썰렁해지는 또 하나의 이유는 필링이다. 음악에선 장단, 강약, 고저를 잘 갖추어야 하지만 유머엔 필링이 더해져야 한다. 주워들은 이야기라도 마치 자신이 겪었던 일처럼 목소리와 표정과 동작이 3위 1체가 되어 사실적, 입체적으로 유머를 구사해야 한다.

육·이오 표어

선생님 : 어제 선생님이 6·25에 대한 표어를 써오라고 숙제 내줬는데, 다들 해왔죠?

아이들 : 네-!

선생님 : 그럼 누가 먼저 발표할까?

아이들 : 저요! 저요!

선생님 : 덜렁이가 한번 큰소리로 말해봐요!

덜렁이 : (아주 큰소리로) 6·25는 무효다. 다시 한판 붙어보자!

유머 펀치

스스로 자신을 가지면 다른 사람의 신뢰도 얻는다.

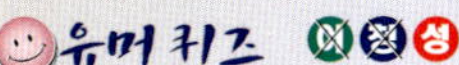 **유머훈련**

인질범에게 잡혀있는 애인을 구하기 위해 5감(시각, 청각, 촉각, 미각, 후각) 중 하나를 포기해야 한다. 어떤 것을 포기하겠나?

유머 퀴즈 정답

검사, 경찰, 신문기자 세 사람이 점심식사를 같이 했다. 돈은 누가 낼까?

정답 검사 혼자

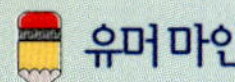 **유머 마인드**

익숙한 것과의 결별

유머의 테크닉 중 의외의 상황을 만드는 것이 있다. 의외의 상황은 고정관념의 탈출에서 시작한다. 고정관념의 탈출은 익숙한 것과의 결별을 할 때 시작된다. 지금까지 첫 단추를 목에서부터 끼웠으면 배꼽부터 끼워보고, 버스 탈 때 오른발부터 올려놓았으면 왼발부터 올려 보라. 이와 같이 익숙한 것과의 결별은 의외의 상황 연출을 도와준다.

협 상

- 아나운서 멘트 -

"테러범들이 지금 국회의사당을 점령한 채, 많은 국회의원들을 인질로 잡고 있다는 소식이 들어왔습니다. 그들은 자기들의 요구가 관철되지 않으면 10분에 한 명씩 국회의원들을 풀어주겠다고 협박하고 있습니다."

유머 펀치
가혹한 정치는 호랑이보다 무섭다.

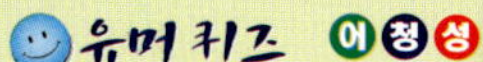 **유머훈련**

사랑의 고백과 함께
첫 키스를 하고 싶은
장소는?

유머 퀴즈 이정성

두꺼비는 이가 있다?

 (정답) X

유머 마인드

사투리

　사투리가 능숙하지 못하면 유머가 썰렁해 진
다. 같은 단어라도 사투리의 억양에 따라 맛이 전
혀 다르다. 강도 높은 유머를 위해 사투리 연습을
반드시 해야 한다. 반드시…….
　사투리를 연습 할 때는 이렇게 하면 좋다.
자 ~ 알.

현장소장

서울의 어느 공사장에 걸려있는 안내판.

"공사중! 통행에 불편을 드려서 죄송합니다."

- 현장소장 백 -

어느 지방의 공사장에 걸려 있는 안내판.

"댕기는 데 걸그치게 해서 솔찬이 껄쩍찌근허유."

- 나가 써부렀어 -

 **유머 펀치**

오늘날에는 기술에 대한 지식보다는 관리에 대한 지식이
더 중요한 것으로 밝혀졌다.

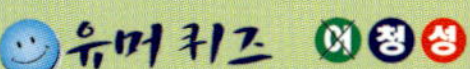

유머훈련

돈 보다 중요한 것 5가지는?

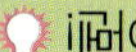

유머 퀴즈

눈뜨라는 말의 세계 공통어는?

머유ㅇi

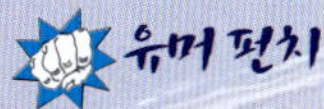
유머 마인드

신이 준 최고의 선물

신이 밤하늘에 선물을 주셨는데, 그것은 달과 별이다. 또 신이 땅에 선물을 주셨는데, 그것은 빛과 그림자이다. 그리고 신이 인간에게 선물을 주셨는데, 그것은 사랑과 웃음이다. 사랑하는 사람끼리 만나면 웃음꽃이 피는 이유를 아는가?

주여! 내 기도에만

부도를 막기 위해 몇 조 억 원이 필요한 도산이가 그 돈을 구할 수 있게 해달라고 기도하러 교회에 갔다.

마침 그 교회에는 먼저 온 한 남자가 급한 빚 100만원을 갚게 해달라고 기도하고 있었다.

도산이는 지갑에서 100만원 짜리 수표를 꺼내 그 남자의 손에 쥐어주었다. 그랬더니 그 남자는 "주께서 응답하셨다"고 하면서 뛸 듯이 기뻐하며 교회를 나갔다.

교회 안이 텅 비어 혼자있게 된 도산이는 눈을 감고 기도했다.

"주여, 이제 제 기도에만 집중해 주십시오."

유머 펀치

바다는 메워도 사람의 욕심은 못 채운다.

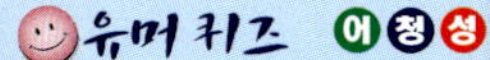 유머훈련

말을 한마디 밖에 따라 하지 못하는 앵무새를 선물로 받았다. 어떤 말을 가르치겠나?

유머 퀴즈 [어][청][성]

우리 몸에서 뼈보다 단단한 것은 머리카락이다. 왜?

룸룸 롱롱 모두 남기다

 유머 마인드

우기기

유머 구사시 우기면 곤란하다. 웃음은 자연스럽게 만들어지는 것이지 내가 우긴다고 되는 것이 아니다. 한 토크쇼에서, 박찬호 선수의 태몽은 '학(鶴)'이라고 했다. 이 소리를 들은 MC가 "그럴 줄 알았다"고 맞장구를 쳤다. "어떻게 알았나?"는 질문에 MC는 말했다. "박찬호 선수가 공을 던지다 숨이 차면 '학' '학' 대더라구요." 우기면 썰렁해져요~.

잘나간다 싶더니

영어시간에 선생님이 삼식이에게 물었다.

선생님 : good의 비교급과 최상급은 뭐지?

삼식이 : **good, better, best!**

친구들 : 우~와아!

선생님 : 좋았어! 그럼 spell은 어떻게 되지?

삼식이 : (의기양양해서) **spell, speller, spellest!**

유머 펀치

고장난 시계도 하루에 두 번은 맞는다.

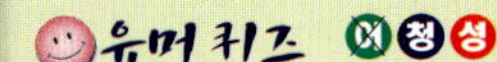 유머훈련

'너와 함께 오늘 밤을 같이 보내고 싶다' 라는 뜻을 선물에 담아 애인에게 보내려고 한다. 어떤 선물이 좋을까?

유머 퀴즈

우리 몸에서 쇳덩어리보다 강한 것은?
수염이다. 왜?

 녹슬지 않기 때문에

그것을 알려 주마

어떤 사람을 보고 '인간적인 너무나 인간적인' 사람이라고 할까?
- 남이 돈을 셀 때 속으로 따라 세는 사람 -

모, 벼, 쌀, 밥 다음의 순서는?
- 변 -

'실오라기 하나 걸치지 않은 남자 누드 그림' 을 넉자로 줄이면?
- 전라남도 -

 유머 펀치
평범한 것을 2개 합치면 아이디어가 나온다

유머 마인드

자신 있는 표정

자신 있는 표정은 듣는 이로 하여금 시선집중을 끌어낸다. 어금니를 가볍게 물고 미소를 띤 얼굴(입술을 벌리면 안됨)은 자신감을 나타내는 표정이 된다. 거울을 보며 조금만 다듬는다면 백만불짜리 표정이 된다. 표정을 바꾸면 성공이 보인다!

❓ 유머훈련

이 세상에서 가장 여자다운 사람과 가장 남자다운 사람을 각각 한 사람씩 꼽는다면 누구, 누구?

😊 유머 퀴즈 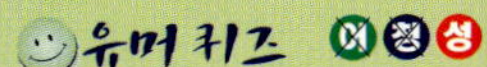

'떠나간 임' 을 2자로 줄이면?

💡 묵념

 유머 마인드

여자의 가장 큰 매력

한 여론조사 기관에 의하면, 남자의 가장 매력적인 곳은 엉덩이이고 여자의 가장 매력적인 곳은 웃는 얼굴이라는 조사 결과가 나왔다. 화장을 예쁘게 하고 옷을 맵시 있게 입어도 얼굴에 웃음을 띠지 못한다면 반쪽 미인이다.

왜 그럴까?

남녀평등, 남녀노소, 남남북녀, 소년소녀, 형제자매, 신랑신부, 처녀총각, 부모, 부부(夫婦)…….

이상을 보고 알 수 있는 것은 유독 처녀 때만 여자가 남자 앞에 있다는 사실.

(혹시, 처녀 때만 대접을 받아서 알까??)

 유머 펀치

처음에는 후하고 나중에는 박한 것은
사람이 할 짓이 아니다.

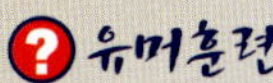 **유머훈련**

목욕탕에서 나와보니 내 옷장에 옷이 몽땅 다 없어졌다. 어떻게 할건가?

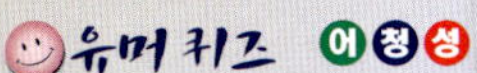 **유머 퀴즈**   어청성

비행기의 앞바퀴와 뒷바퀴의 크기는 다르다?

 (늙큰그서) X

유머마인드

웃고 죽은 돼지

머리말에도 말했지만 한 번 더 말한다. 고사를 지내는데 쓰려고 재래시장에 가서 돼지 머리를 살 때, 웃고 죽은 돼지가 5,000원 더 비싸다. 더군다나 이 값은 깎지도 않는다. 왜? 재수 옴 붙을까 봐…. 웃음을 띤 사람 얼굴은 얼마나 더 비싸질까?

"이 부분을 잘라서 많이 보고 즐거운 수 있도록 붙여 주세요!"

공처가의 항변

어떤 공처가의 집에 친구가 놀러갔다. 마침 그 공처가는 앞치마를 빨고 있던 중이었다.

친 구 : 한심하군! 마누라 앞치마나 빨고 있으니……

— 이 말을 들은 공처가는 버럭 화를 내며 —

공처가 : 말조심하게 이 사람아! 내가 어디 마누라 앞치마나 빨 사람으로 보이나? 이건 내 꺼야, 내 꺼!

 **유머 펀치**

연애가 결혼보다 즐거운 것은 소설이 역사보다 재미있는 것과 같은 이치이다.

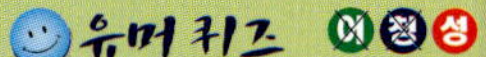 유머훈련

내일 신문에 1면 톱기사로 나에 대한 기사가 실린다. 그 기사의 제목이 어떤 것이면 좋겠나?

유머 퀴즈

소주와 새우깡을 함께 먹으면?

소주강

유머마인드

더 강한 유머

대화시 누가 유머를 구사하면, 우린 종종 더 강한 유머로 분위기를 제압한다. 그러나 이런 행동은 유머의 에티켓을 무시한 처사이다. 만약 더 강한 유머로 맞선다면 방금 전에 말한 사람을 쫑구(?)로 만들어 버리는 결과를 갖고 온다. 조심해야 할 일이다. 유머 콘테스트가 아니라면…….

등대지기

크리스마스 카드 한 장을 배달하느라고 면 등대까지 배를 저어 간 우체부가 투덜거리자 등대지기가 쐐기를 박았다.

"당신말이야, 자꾸 툴툴거리면 일간신문 구독신청 할거야."

 유머 펀치

남에게 은혜를 입는 것은 자기 자신의 자유를 파는 것이다.

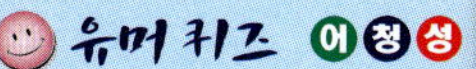 유머 훈련

나의 장례식 때 연주될 장송곡(葬送曲)을 유언으로 남긴다면 어떤 음악을 선곡하여 남기겠나?

유머 퀴즈 어청성

가장 아름다운 꽃은?

💡 웃음꽃

 유머 마인드

왕따 유머

유머를 구사한다고 하면서 특정인을 빗대어 말하면 안 된다. 이렇게 되면 특정인을 제외한 모든 사람은 낄낄대고 웃겠지만, 특정인의 가슴에 비수를 꽂는 것이다. 이런 식으로 매일 매일 대상을 바꿔가며 보름만 계속한다면, 어느새 독립군이 된 자신을 발견할 것이다.

준비된 사람

고속도로에서 승용차 한 대가 갓길에 서 있었다. 알고 보니 목사님이 운전하는 차였는데 기름이 떨어진 것이었다. 깐깐이는 목사님을 인근 주유소까지 데려다주며 물었다.

깐깐이 : 목사님께서 기름이 떨어져 갓길에 차를 세우시다니 말이 됩니까? 하나님께서 보살펴 주시지 않나요?

목 사 : 물론 보살펴 주시죠. 그분이 아마 당신을 내게 보내주신 것 같습니다.

 유머 펀치

봉사는 내가 지구상에서 사는 특권에 대해 지불해야 하는 일종의 세금이다.

죄와 벌

학생들 때문에 화가 난 체육교사가 학생들에게
벌칙으로, 누워서 자전거 페달 밟기를 시켰다.
그런데 한 녀석이 가만히 있었다.

선생 : 야, 너는 왜 가만히 있어?
학생 : 예, 저는 지금 내리막길을 가고 있거든요.

유머 펀치
자전거와 자기발전의 공통점은, 계속해서 속력을 내지
않으면 결국 쓰러지게 되는 것이다.

❓ 유머훈련

드디어 사람의 마음을 꿰
뚫어 읽는 독심술을 터득
했다. 제일 먼저 누구의
마음을 읽고싶나?

😊 유머 퀴즈 어청성

"너는 참 멋진 녀석이다."
를 4자로 말하면?

💡 *고참멋져*

유머 마인드

삼행시 짓기

유머감각을 키우는 데 있어서 삼행시 짓기는 매우
효과적인 훈련방법이다. 자신의 이름과 가족의 이
름, 학교와 사는 동이나 주변 단체명 등 어떤 것이라
도 좋다. 열심히 지어 보라. 이러한 방법은 발전이 없
어 보이는 듯 느끼지만, 실제로는 그렇지 않다. 콩나
물에 물을 뿌리면 물이 다 빠져 내려가지만 콩나물
은 쑥쑥 자란다.

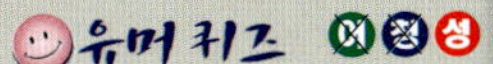 **유머훈련**

지금까지 살아 온 삶 중, 영원히 머무르고 싶었던 순간의 나이와 그 때의 상황은?

유머 퀴즈 ❌ ⭕ ⭕

시어머니 생신날 손님 접대는 않고 낮잠만 자는 며느리는?

 정답

유머 마인드

복사해서 창조하기

태어날 때부터 유머 감각을 갖고 태어난 사람은 없다. 열심히 모방 하다보면, 자신만의 독특한 유머 감각이 개발된다. 영국의 희극인 찰리 채플린도 수줍음과 대인 공포증으로 스트레스를 받았던 인물이다. 어느 날, '찰리 채플린 흉내 내기 대회'에 찰리 채플린이 참가했는데, 결과는 찰리 채플린이 3등을 했다.

불 면 증

씨름을 하다가 허리에 부상을 입고 병원에 입원한 나원참은 지독한 불면증에 시달리고 있었다. 그러던 어느 날 밤은 모처럼 초저녁부터 잠이 쏟아져 꿈나라를 헤매고 있는데, 밤 10시쯤 누군가 흔들어 깨우기에 눈을 떠보니 간호사였다.

그 간호사가 하는 말

"수면제 먹을 시간이에요, 수면제 드시고 주무세요!"

 **유머 펀치**

전문인은 전문적인 것에 익숙해져 상식을 벗어난다.

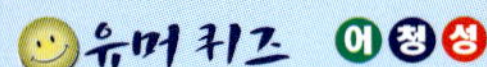

❓ 유머훈련

애정 전선에 이상이 생겼다. 가장 먼저 누구에게 상담을 하겠는가?

😊 유머 퀴즈 어 정 성

뱀의 혀는 두 개다?

💡 (서러거읏) X

 유머 마인드

유머 퀴즈

　분위기와 대상에 어울리는 유머 퀴즈는 금상첨화(錦上添花), 일석이조(一石二鳥)이다.
　유머퀴즈의 내용은 자기 자신을 기준으로 삼지 말고 모임의 성격과 대상의 수준에 따라서 선택한다. 일반적으로 어린이들에게는 수수께끼를, 청소년들에게는 넌센스 퀴즈를, 성인층에는 약간 색깔이 있는 유머 퀴즈를 활용하는 것이 효과적이다.

신용카드

아버지가 첫사랑에 실패한 아들을 위로하고 있었다.

아버지 : 얘야, 시간을 믿어라. 이제 한 달만 지나면
　　　　 그 여자아이는 완전히 잊게 될 거다.
아　들 : 그렇게 되기가 어려워요.
아버지 : 아니 왜?
아　들 : 내가 그 애에게 사준 선물은 모두 카드로
　　　　 긁었거든요.

✊ 유머 펀치

　신용카드로 사면 한번만 생각하지만, 현찰로 사면 두 번 생각하는 이유를 아는가?

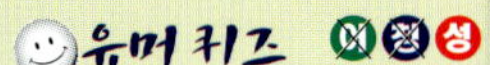
유머훈련

복제 인간을 만들 수 있다면 누구를 복제대상으로 하겠는가?

유머 퀴즈

사과 5개 중 3개를 먹으면 몇 개가 남나?

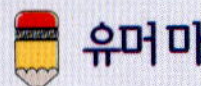
(먹는 게 문제가 아니지)
3개

유머마인드

미소 짓는 얼굴

미소는 전기요금이 전혀 들지 않으면서도 주위를 훨씬 더 환하게 밝혀 준다.

유머를 구사하기 전의 미소 띤 얼굴은, 이미 분위기 조성을 끝낸 상태가 된다. 어느 경우이든 분위기 조성만 되면 반은 성공한 것이다. 그리고 누가 그러던데, 웃는 여자는 다 이쁘다고…….

불임수술

칠복이가 의사에게 불임수술을 해 달라고 부탁했다.

의 사 : 이건 보통 일이 아닌데, 부인과 의논해 보셨어요?

칠복이 : 그럼요. 우리 집사람도 찬성했지요.

의 사 : 자녀들은요?

칠복이 : 네, 아이들도 17대 3으로 찬성했습니다.

유머 펀치

내일을 기다리는 사람과
내일을 만드는 사람은 다르다.

유머훈련

사랑하는 사람에게서 들은 말 중 가장 모욕적이라고 느꼈던 말은?

유머 퀴즈

법적으로 바가지 요금을 받아도 되는 사람은?

바가지 장사

유머 마인드

때와 장소

유머를 구사할 때 주의할 점은, 지금은 유머를 할 때인가? 여긴 유머가 필요한 장소인가를 판단해야 한다. 왜냐하면 때와 장소를 못 맞춘 유머는 천덕꾸러기가 되기 때문이다.

상갓집에 문상을 가서 개그를 할 리는 없지만, 때와 장소를 못 가리는 유머도 이에 못지 않다.

다이아몬드

만복이가 아내에게 생일 선물로 무엇이 갖고 싶으냐고 물었다.

아내: (미소를 띠며) 다이아몬드가 들어 있는 물건이면 무엇이든 좋아요.

- 생일날 아내는 만복이가 사온 선물 꾸러미를 기대에 부풀어 풀었다. 그런데 그것은 트럼프 한 벌이었다. -

유머 펀치

필요하지 않은 것을 사 들이면 필요한 것을 팔게 된다.

❓ 유머훈련

원하는 사람의 두뇌를 이식 받을 수 있다면, 누구를 선택할 건가?

😊 유머 퀴즈 이청성

버스 운전기사가 버스에 올라가서 제일 먼저 잡는 것은 무엇인가?

💡 ↗나러↙

✏️ 유머 마인드

눈 높이 유머

재미있고 웃기는 얘기라고 해서 남녀노소 할 것 없이 모든 이에게 다 통하는 것이 아니다.

남자끼리 또는 여자끼리 있을 때 적합한 것이 있고, 노인용, 성인용, 청소년용 그리고 유아용이 엄연히 따로 존재한다. 잘 분별해서 쓰지 않으면 낙동강 오리알 된다.

세븐 업

칠복이가 미국 여행을 갔다. 구경을 마치고 호텔 방에 들어오자 시원한 탄산음료가 먹고 싶었다. 프론트에 전화를 걸어 더듬거리는 영어 실력으로 '세븐 업'을 보내달라고 했다.

그러나 아무리 기다려도 세븐 업을 가져오지 않아서 칠복이는 그냥 잠자리에 들었다. 다음날 아침 프론트에서 전화가 왔다.

"모닝콜입니다. 7시입니다. 일어나세요."

✊ 유머 펀치

정보를 받아들이는 쪽은 그 정보를 지각했다는 자각이 없어도 정보에 의한 반응을 일으킨다.

유머훈련

첫눈에 반해버린 사람을 나의 애인으로 만들 수 있는 기막힌 방법은?

유머 퀴즈

결혼 첫날밤에 신랑이 신부를 샤워시킨 후, 신부를 들어 안아 침대에 뒤집어 엎어 뉘었다. 왜 그랬을까?

룸메이리끄

유머마인드

유머와 신체건강

웃음은 면역체계와 소화기관을 안정시켜 암을 비롯한 모든 질병의 예방과 치료에 매우 효과적이다. 실제로 잘 웃는 사람은 그렇지 않은 사람보다 건강하게 오래 산다. 그 이유는 웃는 순간 스트레스를 말끔히 날려보내면서 면역체계와 소화기관이 강화되기 때문이다. 그리고 혈압을 낮추며 혈액순환을 개선하는 효과가 있다.

신혼여행

신혼여행을 가는 비행기 안에서 신랑이 신부에게 말했다.

신랑 : 난 사실 한 쪽 눈이 보이지 않는 불구자요.

신부 : 왜 그런 얘기를 진작에 하지 않았어요?

신랑 : 내가 당신에게 보낸 첫 연애편지에 그걸 밝혔소.

　- 집에 돌아 온 신부는 신랑에게 받은 연애편지를 모두 꺼내어 첫 편지를 찾아내었다.

그 편지의 첫 구절인즉,

"난 당신에게 한 눈에 반했소."

유머 펀치

성공한 사랑은 호적에 남고,
실패한 사랑은 일기장에 남는다.

 **유머훈련**

죽는 방법을 선택할 수 있다면, 삶의 마지막 순간을 어떻게 장식할 건가?

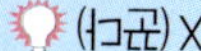 **유머 퀴즈** 어 정 성

고양이는 잠을 잘 때 꿈을 꾸지 않는다?

(답그꾼) X

 **유머마인드**

유머와 산소

사람에게 꼭 필요한 것 중 하나가 바로 산소이다. 산소가 없으면 사람은 단 몇 분도 못 견딘다. 사람이 웃을 때는 오장육부(五臟六腑)가 마사지 되면서, 체내 산소 흡입량이 평소보다 무려 6 배나 들어온다. 잘 웃는 사람은 산소 같은 사람이다. 이래도 안 웃으련?

너무합니다

총알택시 운전기사와 목사가 같은 날 같은 시각에 죽어 천국에 갔는데, 목사보다 총알택시 운전기사의 자리가 더 좋았다.

목사가 천사장에게 물었다.
"어째서 교통법규위반을 밥먹듯이 하는 총알택시 운전기사의 자리가 내 자리보다 좋을 수가 있단 말입니까?"

그러자 천사장이 대답하기를
"목사! 그대가 설교할 때 신도들은 모두 졸고 있었지만, 총알택시 운전기사가 차를 몰 때는 모두들 기도 드리고 있었소."

 **유머 펀치**

내 생애 최고로 행복한 날은 미래에 있다.
단 오늘에 최선을 다하고 있을 때.

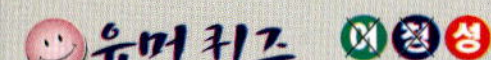

❓ 유머훈련

육아비용을 국가에서 책임 지는 시대가 되었다. 따라서 이제부터 아이를 낳고 싶은대로 낳을 수 있다. 몇 명의 아이를 갖겠나?

😀 유머 퀴즈 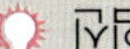

피임약이 부작용을 일으키면 어떻게 되나?

임신

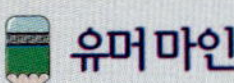 유머 마인드

유머 메모하기

메모를 잘 해서 유명한(?) 사람이 된 두 사람을 들라면, 나는 이순신 장군과 안네를 든다. 두 사람 다 메모(일기)로 후세에 길이 남는 인물이 되었다. 유머 감각을 키우려면, 유머를 메모하는 습관을 가져야 한다. 메모하는 민족은 앞서 가는 민족이 되고, 메모하는 사람은 남 보다 한 발 앞서 간다. 한 발의 차이는, 야구의 1루 베이스에선 죽고 사는 문제다.

초음파 검사

칠복이 아버지는 산부인과 의사다.

어느 날 칠복이는 엄마 손을 붙잡고 아버지가 계시는 병원으로 갔다. 엄마가 잠시 화장실을 간 사이에 칠복이는 아버지의 일하는 모습이 보고 싶어 아버지가 진료하시는 방을 들여다보았다. 그리곤 깜짝 놀라 눈이 휘둥그래져 엄마에게 뛰어가 말했다.

"엄마! 아빠가 어떤 아줌마를 다림질하고 있어."

 유머 펀치

우리들은 '일부분' 만 보고서 그것이 마치 '전체' 인양 착각에 빠진다.

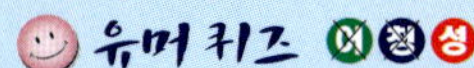 **유머훈련**

예물인 결혼반지를 도둑 맞았다. 어떻게 수습해야 할까?

유머 퀴즈 ⊗ 청 성

개구리는 왜 벌을 잡아 먹을까?

놀 꾸금 담어아

 **유머 마인드**

유머 에티켓

유머가 대화에 있어서 차지하는 비중은 앞으로 세월이 가면 갈수록 더 커진다. 그렇기 때문에 유머에 있어서 에티켓을 갖추는 것은 절대적이다. 앞뒤 못 가리고 웃기려는 마음만으로 유머를 구사했다가는 본전도 못 찾고 사람이 천박스러워 진다. 그리고 큰 봉변을 당할 수도 있다.

파 혼

삼순이가 약혼 1개월만에 파혼을 하고 나서 친구를 만났다.

삼순이 : 나 칠복씨와 파혼했어.

친　구 : 왜?

삼순이 : 그 사람 흠이 많은 사람이야.

친　구 : 그럼 그 사람이 사 준 다이아몬드 반지는 돌려줬니?

삼순이 : 아니, 다이아몬드 반지에는 흠이 없었거든.

유머 펀치

내가 변하면 발전 남이 변하면 배신,
내가 하면 로맨스 남이 하면 스캔들이다.

유머훈련

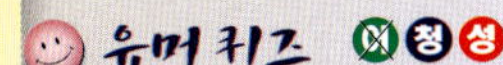

나에게도 숨이 멎는 마지막 순간이 찾아 왔다. 그 순간 마지막으로 보고싶은 것이 있다면?

유머 퀴즈

63빌딩 옥상에서 아버지와 두 아들이 떨어졌으나 모두 살았다. 왜?

아버지- 제비족,
큰아들- 비행 청소년,
작은아들- 덜 떨어진 놈

유머 마인드

선전 포고를 하지 마라

　유머를 구사할 때 이런 선전포고는 하지 마라. "야, 너희들 다 이리 모여봐 내가 웃기는 얘기 해 줄께!" 이 말을 먼저 하고 나면 얘기를 들으려 모인 사람들은 심리적으로 "그래 니가 나를 한 번 웃겨 봐라!"하고 유머 감각(센서)에 굳은살이 올라 유머의 강도가 반쯤 떨어지게 된다. 느닷없이 유머가 나와야 큰 효과를 거둘 수 있다.

언 놈이여?

　책에서 본대로 꼭 실행을 해야 직성이 풀리는 행동파 사내가 있었다. 어느 날 그 사내는 63빌딩 꼭대기에 올라가 뛰어 내렸다. 그는 추락도중 이렇게 외쳤다.

63층 - 추락하는 것은 날개가 있다!
53층 - 추락하는 것은 날개가 있을 거다!
43층 - 추락하는 것은 날개가 있어야 한다!
33층 - 추락하는 것은 날개가 있을까?
23층 - 추락하는 것은 날개가 있는 게 아니구나!
13층 - 언놈이여? 이런 허튼 소릴 지껄인 놈이!
3층 - 오! 마이 갓!

　　팡!

유머 펀치

우리의 희망은 항상 실현되는 것은 아니지만 우리는 항상 희망한다.

www.119114.co.kr

 유머훈련

지금까지 학교에서 배운 과목 중, 사회생활을 하는 데 있어서 전혀 도움이 안 되는 과목은 어떤 것인가?

유머 퀴즈 (정)(성)

"KISS"를 영문법의 품사로 보면?

유머 마인드

자동차 연습실

많은 사람 앞에서 말을 하거나 노래를 한다는 것은 심리적으로 여간 부담스러운 일이 아니다. 이를 해결하는 방법 중의 하나는 자동차 안에 혼자 있을 때, 창문을 꼭 닫고 자신이 좋아하는 노래를 목청이 터져라고 여러 번 반복해서 부르는 것이다. 스트레스를 푸는 것은 덤이다.

영어 실력

영어시간에 선생님이 칠판에다 큼직하게 'SALT'라고 써놓고 이것이 무엇이냐고 물었지만 아는 학생이 하나도 없었다.

선생님 : 아니, 바로 어제 배웠는데도 아는 사람이 하나도 없나?

- 선생님이 야단을 치는 사이에 재빨리 공책을 뒤져 보던 덜렁이가 'salt, 소금'이라고 쓰여져 있는 것을 보고, 다시 한번 칠판을 쳐다보더니 자신 있게 손을 들었다. -

덜렁이 : 선생님, 저요!

선생님 : 오, 그래! 덜렁이가 대답해봐.

덜렁이 : 네, 굵은 소금입니다!

 유머 펀치

미련이 먼저 나고
슬기가 나중 난다.

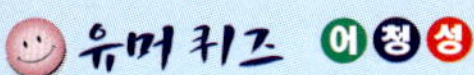 유머훈련

건너편 지하철 승강대에 서 있는 애인에게 사랑한 다는 신호를 보내려고 한 다. 어떤 방법으로 신호를 보낼까?

 유머 퀴즈 어 청 성

물고기는 혀가 없다?

 유머마인드

유머와 내장기관

웃으면 내 몸 안의 모든 장이 마사지된다고 했 다. 특히 간장과 위장에 좋으며 심장을 튼튼하게 한다. 우리가 배꼽을 쥐고 웃다보면 속이 시원해 진 경험이 있을 것이다. 이는 웃음으로 인해 모든 내장기관이 구석 구석 마사지가 되기 때문에 느 끼게 되는 것이다.

거봐 내말이 맞잖아!

경상도 사람 둘이 지하철에서 시끄럽게 떠들며 얘기를 하고 있었다. 참다 못한 한 청년이 경상도 사람에게 다 가가서 말했다.

"좀 조용히 해주시겠습니까?"
그러자 경상도 사람이 쩌렁쩌렁한 목소리로 말했다.

"머라꼬? 이기다 니끼다 이기가?"
그러자 그 청년, 동료에게 돌아가며 말했다.

"거봐, 내가 뭐랬어? 일본사람이라고 했잖아."

 유머펀치
웃음에는 매우 뜻밖의 사실이 숨겨져 있다.

유머훈련

매일같이 애인을 만나다 보면 데이트 비용이 만만치 않다. 최소의 비용으로 데이트를 즐길 수 있는 방법이 있다면?

유머 퀴즈

프로 권투의 대전료 계산 방식은 어떤 방식일까?

 주먹구구식

유머 마인드

유머와 다이어트

한 번의 폭소는 5 분 동안의 에어로빅 효과를 준다. 짧은 순간이지만 대단한 유산소 운동의 결과를 얻을 수 있다. 웃음은 따로 돈들이지 않고, 에어로빅 복장도 갖추지 않고, 장소에 구애됨이 없이, 간편하게 다이어트 효과를 볼 수 있다. 참으로 놀랍지 않은가?

치 료 비

칠복이 : 며칠 전에 마누라 눈에 모래가 들어가서 치료비로 15만원이나 날렸지 뭔가.

만복이 : 그건 약과야. 난 며칠 전에 우리 마누라 눈에는 모피 코트가 들어갔는데, 무려 1,500만원이나 들었다구. 제기랄!

유머 펀치

절약은 커다란 수입이다.

유머훈련

어디든 상관없이 몰래 카메라를 설치할 수 있는 허가를 받았다. 어느 곳에, 무엇을 목적으로 설치할 건가?

유머 퀴즈 

소변금지 구역에서 대변을 보면?

급소

유머마인드 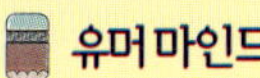

재탕 금지

한약은 재탕을 해도 되지만 유머는 재탕을 하면 안 된다. 재미와 흥미가 반감되기 때문이다. TV에서 이미 방영한 프로그램의 재방송을 보면서 흥분하는 사람은 하나도 없다. 만약 있다면, 그 사람은 머리에 강한 충격을 받았던 사람일 것이다.

화장실의 느낌 차이

① 그는 똑똑했다. 나도 똑똑했다. 그는 나의 똑똑함 때문에 쩔쩔매는 것 같았다.

② 당신이 밀어내기에 힘쓰는 동안 바깥 사람은 조이기에 힘쓰고 있습니다.

③ 당신이 안에서 사색(思索)을 하는 동안 밖에 있는 사람은 사색(死色)이 되어가고 있습니다.

최선을 다해 힘을 줍시다! 힘내라, 하반신!

유머펀치 

자기가 바라지 않는 것을 남에게 베풀지 마라.

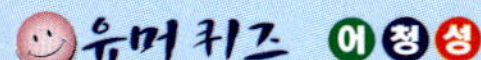

유머 훈련

"공부만 시키는 학교는 싫다!" 학교를 설립한다면 어떤 학교를 설립하겠나?

유머 퀴즈 어청성

허수아비의 아들 이름은?

유머 마인드

표정 연기

유머에 걸맞은 표정 연기는 유머의 강도를 높여 준다. 이는 화면과 대사만 있는 영화와 감동적인 영화음악이 삽입된 영화와의 차이다. 유머 구사시 표정연기가 없다면 와이셔츠를 입고서 넥타이를 메지 않은 것과 같다.

텔레마케팅

초등학생인 덜렁이가 집에 혼자 있을 때 음란 전화가 걸려 왔다.

"저어……. 저랑 폰섹스 하실래요?"

그러자 덜렁이는 한참 고민하다 수화기에 대고 이렇게 대답했다.

"저는 웅진아이큐 하고 있는데요."

유머 펀치

인간은 군대의 침입에는 저항하지만 사상의 침입에는 저항하지 않는다.

미인에 대한 기준은 사람마다 각기 다르다. 내가 생각하는 미인의 조건은?

유머 퀴즈 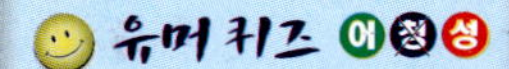

흑인들은 검정색을 무슨 색이라고 하나?

살색

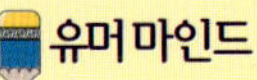
유머 마인드

헝그리 정신

　고픈 상태에서 부른 상태로 가기 위한 강한 집념(執念)이다. 소위 '배 째라 정신'과는 다르다. 성공을 위해선 목표가 뚜렷해야 한다. 목표가 뚜렷하면 농구의 림이 크게 보이고, 양궁의 과녁이 선명하게 보인다. 유머 훈련도 강한 집념을 갖고 될 때까지 노력하는 헝그리 정신이 필요하다.

거 말 되네!

① 삶은 계란을 영어로 하면 'Life is egg'

② 성인(聖人)과 성인(成人)의 차이는? 석가모니가 집을 나가면 출가라 하고, 내가 집을 나가면 가출이라고 한다.

③ 보신탕 집으로 끌려가는 개의 가장 큰 소망은? 후세에 식인종으로 태어나는 것.

④ 호걸이 여자를 좋아하는 이유는? 好 Girl이기 때문에.

⑤ 질문을 할 때 한 손만 드는 이유는? 두 손 다 들면 만세가 되니까.

⑥ 애꾸눈의 강점은? 두 눈을 가진 사람이 총을 쏘려고 할 때, 애꾸눈은 이미 총을 쏘고 난 뒤다.

⑦ 픽션과 논픽션이란? 픽션은 성형수술을 한 여자. 논픽션은 그 여자의 자식.

유머 펀치
　인간은 지루한 동물이다. 그래서 웃음이 필요하다.

❓ 유머훈련

내 마음에 들지 않는 외모 중 한 곳을 고칠 수 있다면 어디를 고치고 싶나?

😊 유머 퀴즈 어 청 성

잦은 방귀는 유전이다?

유머 마인드

낙법

유도에 입문하면 낙법(落法)부터 배운다. 넘어지거나 떨어질 때, 성한 몸으로 다시 일어나 상대방을 공격하기 위한 기술이다. 유머 훈련시, 헝그리 정신과 더불어 있어야 할 것은 바로 일곱 번 넘어져도 다시 일어나는 유도의 낙법 정신이다.

인체의 신비

코는 비(鼻)틀고
이빨은 치(齒)고
머리는 두(頭)드리고
발은 족(足)치고

유머 펀치

사람은 생긴 대로 놀지만 논대로 생긴다.

"이 부분을 잘라서 많은 사람이 보고 즐거울 수 있도록 붙여 주세요!"

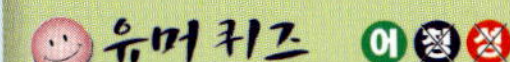

부부의 나이 차이를 법률로 규정한다면 가장 적당한 나이 차이는 몇 살?

개가 달릴 때 혓바닥을 빼고 달리는데 그 이유는?

정답: 땀띠를 식혀 주기 위해

유머 마인드

프로 정신

아마추어보다 프로는 아름답다. 그리고 돈도 더 많이 번다. 자기 분야에서 독보적인 존재가 되기 위해 물질적 시간적 투자를 아끼지 않으며 매사를 자기 일과 줄기차게 연결시켜 생각한다. 1%의 시행착오를 없애기 위해 온 정열을 쏟고, 최선(最善)이 아닌 최고(最高)가 되기 위해 목숨을 건다. 유머 감각 훈련도 프로 정신이 있어야 한다.

친 척

운전연수를 하던 어느 부부가 사소한 일로 말다툼을 벌였다. 서로 말도 않고 썰렁하게 집으로 돌아오는데, 문득 차창 밖으로 개 한 마리가 어정거리는 게 눈에 띄었다. 남편이 빈정거리며 아내에게 말했다.

남편 : 당신 친척이잖아? 반가울 텐데 인사나 하지 그래,

남편의 말이 떨어지기가 무섭게 아내가 그 개에게 소리쳤다.

아내 : 어머, 안녕하세요? 시아주버님!

유머 펀치

아내의 결함을 탓하지 마라.
그것 때문에 더 훌륭한 남편을 얻지 못하고
당신과 결혼했다.

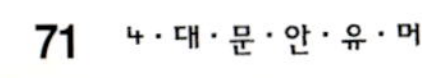

유머훈련

우리 나라 역사 중 가장 창피스런 사건 하나를 바꿀 수 있다. 무엇을 어떻게 바꾸고 싶은가?

유머 퀴즈 ✕정✕

서울에서 부산까지 기차가 달렸다. 천정, 창문, 바퀴 중 어느 부분이 가장 먼 거리를 달렸나?

💡 창문(바깥쪽 원의 둘레가 안쪽 바퀴의 둘레보다 길기 때문.)

유머 마인드

칼과 혀

종종 어떤 한 사람을 바보로 만들어 주위의 모든 사람이 깔깔대고 웃는 경우가 있다. 정도가 심하면 도마 위에 오른 사람은 평생 지울 수 없는 마음의 큰 상처를 입는다. 인신공격형 유머는 아주 멀리해야 한다. 말에 의한 상처는 칼에 의한 상처보다 깊고, 크고, 오래 간다.

사건 수임

떨떨이는 경찰이 되기 위해 시험을 치렀다. 필기 시험에 가까스로 합격한 떨떨이는 드디어 면접 시험을 보게 되었다.

시험관 : 자네, 백범 김구 선생이 누구에게 피살되었는지 아는가?

떨떨이 : 저기……, 내일 아침까지 알려 드리겠습니다,

- 대답을 마친 떨떨이는 시험장을 나서자마자 아내인 삼순이에게 전화를 건다. -

"여보, 나 첫날부터 사건 맡았어!"

유머 펀치

진보하지 않는 사람은 설 자리가 없다!

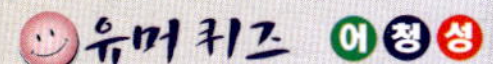

유머훈련

사랑했던 옛 애인의 결혼식에 참석하게 되었다. 어떤 선물을 들고 갈까?

유머퀴즈 어청성

독수리 5마리가 모이면 독수리 5형제!
쥐 4마리가 모이면?

 포뇨

유머마인드

개와 고양이

강아지가 앞발을 드는 것은 반가움의 표시이고, 고양이가 앞발을 드는 것은 공격자세이다. 그래서 개와 고양이는 영원히 사이가 좋을래야 좋을 수가 없다. 이는 둘 사이에 커뮤니케이션(Communication)이 없어서 그렇다. 유머에 있어서 말하는 자와 듣는 자 사이도 마찬가지이다.

최 선

삼식이가 첫 월급을 받아 애인과 고급 레스토랑엘 들어갔다.

웨이터 : 손님, 뭘로 드시겠습니까?
삼식이 : 스테이크!
웨이터 : 고기는 어떻게 해드릴까요?
삼식이 : 최선을 다해주세요!

유머펀치

쓴 맛을 맛본 일이 없는 사람은 설탕 맛을 모른다.

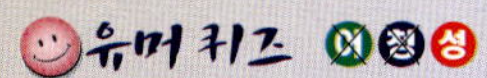 유머훈련

남성 또는 여성으로서 살아가는 데 있어서 가장 큰 불편한 점 한 가지는?

😊 유머 퀴즈 ❌정성

여탕에 들어간 남자가 훈방조치 됐다. 왜 훈방했을까?

💡 룸웅긍 웋0이 거기씨ㅏ

유머마인드

나이 따라 기호 따라

유행했던 시리즈 중 '사오정' 시리즈가 있다. 엉뚱한 대답으로 우리에게 웃음을 주었다. 그러나 이 시리즈도 즐기는 대상이 하이틴과 20대 초반으로 한정되어 있다. 유치원 어린이는 주인공 이름은 알아도 반응은 시큰둥하고, 노인대학에선 사오정이 누구냐고 되묻는다. 유머도 나이 따라, 기호 따라 적절한 소재의 선택을 해야 커뮤니케이션이 된다.

죄 되나?

① 여자가 남탕에 들어가면?
－**방화죄** (남자의 가슴에 불을 당겼기 때문에)

② 남자가 여탕에 들어가면 적용되는 죄목은?
－**불법무기 소지죄**

③ 할머니가 남탕에 들어가면?
－**방화미수죄.**

④ 할아버지가 여탕에 들어가면 무슨 죄?
－**불량무기 소지죄.**

 유머 펀치
언제나 자유로운 사람은 항상 죽을 각오를 하고 있는 사람이다.

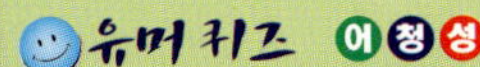 유머훈련

 내일 아침이면 나라 밖으로 영원히 추방된다. 단 세 가지 물건만 갖고 갈 수 있다. 어떤 것들을 갖고 가겠는가?

😊 유머 퀴즈 어 청 성

원숭이는 지문이 없다?

💡 (성긍아) X

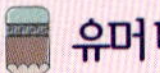 유머마인드

신선도

　유머가 썰렁해지는 이유는 여러 가지가 있다. 그 중 하나가 누구나 알고 있는 유머를 자신만 방금 알아 가지고 신나게 떠들 때 그렇게 된다. 야채가 싱싱해야 되듯이 유머도 싱싱한(따끈따끈) 것으로 해야 한다. 그러기 위해서는 항상 안테나를 쭉 뽑아 놓고 있어야 한다.

교도소로 간 아버지

학교네 아버지는 교도소에서 근무하신다.
어느 날 학교는 친구인 덩달이네 집에 놀러가
덩달이 엄마와 이야기하고 있었다.

덩달이 엄마 : 아버지는 어디 계시니?
학교 : 교도소예요.
덩달이 엄마 : 아니, 거기엔 어떻게 해서
　　　　　　　들어가셨니?
학교 : 네, 시험 봐서요.

 유머 펀치
어떤 직업이던 직업 자체는 미래가 없다.
오직 자신에게 미래가 있을 뿐이다.

 유머훈련

우리 나라에 없는 법 중, 꼭 필요한 법을 한가지 만들 수 있는 권한이 나에게 주어진다면 어떤 법을 만들겠나?

😊 유머 퀴즈

일 더하기 일은 중노동, 이 더하기 이는 덧니다. 이 빼기 이는 틀니다. 그렇다면 삼 더하기 삼은?

💡 (서뜸라이 삼기)능

 유머 마인드

마음의 변비

변비로 고생하는 사람들의 얘기는 참으로 딱하다. 그러나 육체의 변비보다 더 심각한 것은 마음의 변비이다. 마음의 변비인 스트레스와 스트레인 그리고 각종 정신적 장애물은 성인병이나 현대 병으로 이어진다. 뾰족한 치료제도 없다. 그러나 유머는 이 모든 것을 날려보낼 수 있다. 유머는 21세기의 명약으로 자리 매김을 할 것이다. 그리고 부작용도 없다. 이건 내가 장담한다!

쌤 통

신체검사 통지서를 받은 뺀질이가 군대를 안 가려고 이빨을 죄다 뽑아버리고 말았다. 그리고는 틀니를 끼고 다녔다.결국, 뺀질이는 군입대 면제 판정을 받았다.
그러나 판정서를 받아본 뺀질이는 그 자리에서 기절하고 말았다.거기에는 이렇게 쓰여 있었다.

"위 사람은 심한 치질로 군 생활이 곤란할 것으로 사료됨"

 유머 펀치

오는 복은 기어오고, 가는 복은 날아간다.

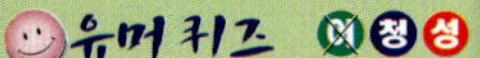 유머훈련

누구든 상관없이, 딱 한 사람의 일기를 열어 볼 수 있다. 누구 것을 보겠는가?

유머 퀴즈 정답

지하철 1량의 문은 모두 몇 개인가?

💡 10개(양쪽 끝 포함)

 유머마인드

성공예감!

웃는 얼굴 때문에 재벌이 되는 행운을 얻었던 사람은 한 둘이 아니다. 주는 것 없이 미운 사람이 있는가 하면, 받는 것 없이 예쁜 사람이 있다. 이 모두가 좋고 나쁜 인상때문에 일어나는 심리작용이다. 좋은 인상 중의 제일은 웃음을 띤 얼굴이다. 표정을 바꾸면 사정이 바뀐다.

어떤 이력서

① **성명** : 한심한

② **본적** : 누굴 말입니까?

③ **주소** : 뭘 달라는 겁니까?

④ **호주** : 가본 적 없음.

⑤ **성별** : 한

⑥ **신장** : 두 개 다 있음.

⑦ **가족관계** : 가족과는 관계를 갖지 않음.(내가 개냐?)

⑧ **지원동기** : 우리 학과 맹구랑 영구랑 같이 지원했음.

⑨ **수상 경력** : 수상은 커녕 줄 반장도 못해 봤음.

⑩ **자기 소개** : 우리 자기는 아주 예쁨.

 유머 펀치

중요도 순으로 일을 하는 것은 걸레와 행주를 혼동하지 않는 것이다.

 유머훈련

지금부터 30분 후 지구의 종말이 온다는 사실을 방금 알게 되었다. 제일 먼저 할 일은?

유머 퀴즈

도둑이 도둑질을 하다가 실수로 잠자는 사람의 목을 밟아 죽였다. 이 때의 죄목은?

 도둑질 하기전에

유머마인드

21세기의 P R

한 때 피알(Public Relation)을 '피할 것은 피하고 알릴 것은 알린다' 는 센스 있는 해석을 했었다. 그러나 21세기의 피알은 'Personal Recreation' 즉 새로운 자기가치 창조이다. 스스로 자신을 혁신하고 개발하지 않으면 더 이상 P R할 것이 없는 '딱한 사람' 이 된다. 남들은 스포츠카 타고 쌩쌩 달리는데, 달구지 타고 부지런을 떨고 있는 사람이다.

묘비명

어떤 사나이가 묘지에 갔다가 다음과 같은 묘비명을 보았다.

"변호사, 정직한 사람, 정치인, 나잘난 박사 이곳에 묻히다."

그러자 사나이는 탄성을 질렀다.
"야아! 세상에 이럴 수가! 한 무덤 속에 네 사람이 묻혀 있다니!"

 유머펀치

비난은 사람이 유명하게 되었을 때 대중에게 바치는 세금이다.

 유머훈련

가장 친한 친구 10사람을 선택하여, 친숙도 1~10번까지 순위를 정한다면 어떻게 정할까?

유머 퀴즈

시냇가에서 발을 씻고 있는 여자를 3자로 하면?

 시내발

유머 마인드

인도의 유머 클럽

인도에는 수많은(2백 50여개) 유머 클럽이 있다. 점심 시간이나 일상에서 틈 낸 여가 시간에 회원들끼리 모여 박수를 치면서 웃는 모임이다. 물론 코미디나 개그를 하는 사람은 없다. 그냥 웃는다. 그런데 놀랍게도 유머 클럽 회원들은 스트레스로 인한 성인병이 뭔지 모르고 산다는 것이다.

어떤 유언

남편인 칠복이가 임종때가 다가오자 아내인 우라질은 고문 변호사를 불러 정식으로 유언장을 작성하게 했다.

우라질 : 여보! 변호사님 왔어요. 남에게 꾸어준 돈 액수와 이름을 분명히 말씀해 주세요.

칠복이 : 응, 김수억에게 1억원.

우라질 : 네, 그리고요.

칠복이 : 지상천에게는 8천 만원.

우라질 : 아니, 어쩜 기억력이 이렇게도 총총하실 까!

칠복이 : 그리고 최고리에게는 3억 원을 꾸었소.

우라질 : 어머나! 이이가 이젠 의식이 없어서 헛소리를 다 하네!

 유머 펀치

행복은 주머니 속에 있지 않고 마음속에 있다.

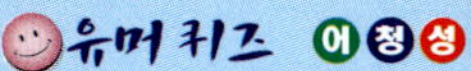

유머훈련

완벽한 사랑에 대한 정의를 가장 간단한 한 문장으로 표현하면?

유머 퀴즈  어 정 성

장기 수술 뒤 나오는 방귀는 대장기능이 회복됐음을 의미한다?

 유머 마인드

명상 훈련

차범근 선수는 현역시절에 이와 같은 말을 했다. "내가 축구를 할 때는 열심히 축구공을 찼고, 휴식을 취할 때는 축구에 대한 생각을 했다." 대단한 축구매니아다. 유머를 잘 하고 싶은 사람은 휴식할 때나 명상할 때도 유머에 대한 생각을 하길 바란다.

"이 부분을 잘라서 많은 사람이 보고 즐거울 수 있도록 붙여 주세요"

개안 수술

맹인 부부가 결혼 20년만에 최신 레이저 개안수술을 받고 눈을 뜨게 되었다.

생전 처음 자신의 눈으로 세상을 보게 된 맹인 부부의 기쁨은 이루 말할 수 없었다. 남편이 막 붕대를 풀고 일어서려는데 옆에 웬 중년 여자의 모습이 시야에 들어왔다. 알고 보니 이제까지 자신을 헌신적으로 돌봐준 아내가 먼저 수술을 마치고 옆에 있었던 것이었다. 남편은 아내의 손을 잡고 눈물을 글썽이더니 이렇게 말하는 것이다.

남편 : 처음 뵙겠습니다.

아내 : 말씀은 많이 들었습니다.

 유머 펀치

못 본 자는 못 보아서 말 못하고,
본 자는 보아서 말을 못한다.

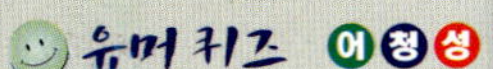

유머훈련

살아가는 동안 매일 반복해야 하는 일 중에 한 가지를 죽을 때까지 하지 않아도 된다면, 무엇을 안 하겠는가?

유머 퀴즈 어 청 성

실패하면 살고 성공하면 죽는 것은?

경마

유머마인드

포트럭 유머

미국에서는, 집에 남아 있는 음식 재료나 자신이 잘 만드는 음식을 한 가지씩 준비해 함께 모여 파티를 연다. 이것을 '포트럭 파티'라고 한다. 유머도 친구나 동료들끼리 모일 때 유머를 한 가지씩 준비해서 모인다면 유머 감각을 자아~앙족 발전시킬 수 있다.

이름인 줄 알았지

수능시험이 얼마 남지 않은 고 3인 칠복이 방에 중 1인 동생 팔복이가 들렀다가 깜짝 놀라서 뛰어나왔다. 그리고 곧장 엄마에게 달려가 고자질을 했다.

"엄마, 큰일났어! 형이 책상 위에 여자 이름을 크게 써 붙여 놨어."

"그으래? 내 이 녀석을……."

– 엄마가 칠복이의 방문을 열어 젖히자 책상 머리에는 이렇게 써있었다. –

'정숙!'

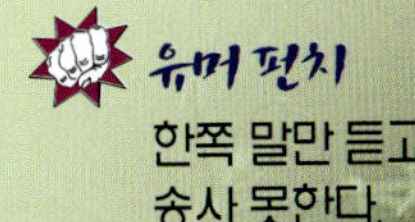

유머 펀치

한쪽 말만 듣고 송사 못한다.

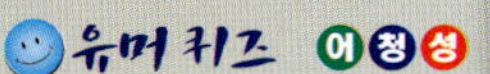 유머훈련

한 동물을 선택하여 의사 소통을 할 수 있는 능력이 생긴다면, 어떤 동물과 대화를 하겠는가?

유머 퀴즈 (어)(정)(성)

인도 땅덩어리 보다 꼭 4배가 더 큰 나라는?

 힌트:나일강이

유머 마인드

가족과의 유머

유머 훈련장으로 가장 좋은 곳은 가정이다. 성공하면 성공이고, 실패해도 밑질게 없다. 그리고 가족을 웃길 수 있으면 타인을 웃길 수 있는 확률은 100%이다. 왜냐하면, 가족은 자신에 대해 속속들이 알고 있는 사람들이기에 동정표나 불우이웃 돕기를 하지 않기 때문이다.

휘파람 불고 싶어요

유치원 선생님이 유치원생들에게 오줌이 마려우면 '선생님, 휘파람이 불고 싶어요!' 라고 말하라고 가르쳤다.

그 유치원에 다니는 아이 한 명이 하루는 집에 돌아와 엄마 아빠와 함께 잠을 자던 중 오줌이 마려웠다. 그래서 그 아이는 옆에 자고 있는 아빠에게 말했다.

"아빠 휘파람이 불고 싶어요."

– 그러자 아빠는 귀찮은 듯 돌아누우며 말했다. –

"얘야, 한밤중에 웬 휘파람이냐? 그냥 자거라."

– 아이는 꾹 참았다. 잠시 후 정말 참지 못할 지경이 된 아이는 또 아빠에게 말했다. –

"아빠 휘파람이 불고 싶어요."

– 슬슬 귀찮아진 아빠가 아이에게 말했다. –

"그럼 아빠 귀에다가 대고 살짝 불어라."

유머 펀치

아버지가 되기는 어렵지 않지만, 아버지 노릇을 하기는 매우 어렵다.

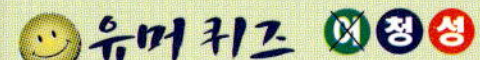

역사 속의 인물 중 한 사람을 현재로 데려와 인생을 다시 시작하게 할 수 있다면, 누구를 몇 살로 하여 이 시대로 데려오겠나?

유머 퀴즈

인삼은 6년근 일 때 캐는 것이 좋다. 산삼은 언제 캐는 것이 가장 좋은가?

보는 즉시

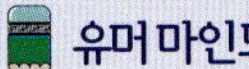

고 스톱

모든 분야가 편리해 지고 스피디한 시대다. 자동차의 승차감도 좋아지고 스피드도 빨라졌다. 빨리 달리고 잘 달리는 자동차는 잘 멈춰 설 수 있어야 한다. 잘 멈춰 설 수 없다면 자동차가 아니고 살인 병기다. 유머도 유머할 때가 아니면 즉시 멈춰야 한다. 자아도취가 되면 설 땅이 줄어든다.

마마, 들켰사옵니다!

때는 바야흐로 조선 중기, 임금님께서 민생을 살피려 평민 차림으로 변장을 하고 신하와 함께 모녀가 운영하는 마을 주막엘 들렀다.

신 하 : 여보시게!

딸 : (묵묵부답)

신 하 : 아, 여보시게!

딸 : 아니, 귀찮게 왜 이러세요!

– 그때 엄마가 –

엄 마 : 얘야, 내가 그렇게 가르쳤니? 손님은 왕이랬잖아!

– 그때 신하가 임금을 보며 하는 말 –

"마마, 들켰사옵니다!"

상인에게는 고객만이 자기편이다. 고객이 기꺼이 사 준다면 다른 얼간이가 뭐라고 해도 상관없다.

유머훈련 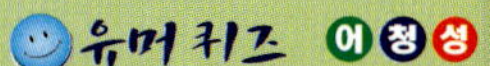

사하라 사막을 무사히
횡단하기 위한 3가지
물건은?

유머 퀴즈

두 발로 걸어 다니는
쥐는?

ㅁㅣㅌㅓㅎㄱ

유머 마인드 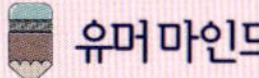

인터넷

달나라가 이웃나라가 되고, 지구가 하나로 묶여 광속(光速) 정보를 주고받는 시대다. 인터넷 PC통신을 하는 사람들은 최신 유머에 대한 정보를 쉽게 얻는다. 적은 비용으로 많은 효용을 얻는다. 컴맹을 탈출하면 유머치를 탈출할 수 있다.

주한미군이 주둔하는 이유

형인 삼용이와 동생인 삼식이 형제가 텔레비전에서 미국의 응급구조요원들의 이야기를 다룬 '긴급구조 911'이라는 프로를 보고 있었다.

삼식이 : 형, 만약에 급한 일이 있으면 우리도 911로 연락하면 되겠네?

삼용이 : 이 바보야. 저기는 미국이니까 001을 누른 다음 911로 연락을 해야지.

삼식이 : 그럼 미국에서 오는 데 시간이 걸리잖아.

삼용이 : 야, 이 바보야! 주한미군이 왜 있냐?

유머 펀치 

무식한 사람이 지도자가 되거나, 소신을 갖거나, 부지런하면 주변 사람이 피해를 입는다.

 유머훈련

나의 결혼식장에서 성혼 선언문이 낭독되기 직전에 "이 결혼은 무효다!" 라고 옛 애인이 고함을 질렀다면 어떻게 대처하겠는가?

유머 퀴즈 어청성

세계 최초로 방송을 한 나라는 미국이다?

💡 (논음) X

 유머 마인드

만화와 신문

만화나 신문의 장점은, 보고 또 볼 수 있다는 것이다. 재미있는 만화책과 좋은 신문은 생활속의 유머 교재이다. 특히 사설이나 유명인사가 한 짧은 말들은 풍자하기에 아주 좋은 자료가 된다. 스크랩을 해 놓으면 풍성한 유머 밑천이 된다.

벼룩시장

① 집 팝니다. 여탕이 훤히 내려다보이는 문화주택! 시력감퇴로 인해 염가 처분합니다.

② 1종 운전면허증 구합니다. 전 2종을 갖고 있습니다. 1종 2장과 교환을 원합니다.

③ 표 삽니다. 이번 국회의원 선거에 입후보한 기호 13번 나죽네 의원입니다. 지역주민 여러분의 표를 적당한 가격에 대량 매입합니다.

④ 잃어버린 개를 찾습니다. 순수토종 변견이며, 이름은 말복이! 찾아주시는 분께는 사례로 두 근 반을 드리겠습니다.

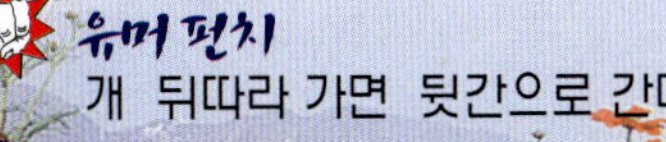 유머 펀치

개 뒤따라 가면 뒷간으로 간다

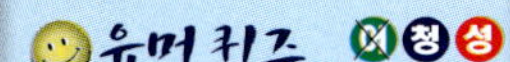 유머훈련

애인에게 '이것만은 묻지 말아줘' 하고 부탁하고 싶은 것은?

유머 퀴즈 Ⓧ청성

물가 상승과 관계없이 깎아 주는 곳은?

이발소

 유머 마인드

이야기의 주도권

친구나 동료들끼리 모이면, 유머 감각을 위해 이야기의 주도권을 잡아라. 주도권을 잡고 나가다 수습이 잘 안 되더라도 일단 주도권을 잡고 봐라. 빨리빨리 많은 물(?)을 먹어야 장족의 발전을 할 수 있다. 어렵더라도 해야 한다. 세상에 공짜는 없으니까······.

벌금

삼돌이와 삼순이가 사이좋게 노상 방뇨하는 것을 경찰관이 보았다. 경찰관은 그 자리에서 삼순이에게는 3만원, 삼돌이에게는 6만원 짜리 벌금 딱지를 끊었다.
삼돌이는 발끈해서 항의했다.

"왜 나는 6만원이요? 이거 불공평하잖아요."

– 그러자 경찰관은 당연하다는 듯 말했다. –

"아저씬 흔들었잖아요."

유머 펀치

과거를 생각할 수 없는 자는, 과거를 되풀이하도록 운명지어져 있다.

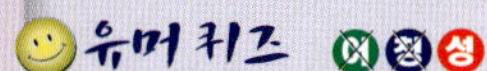 유머훈련

변심한 애인의 질투심을 유발하기 위한 가장 효과적인 방법은?

😊 유머 퀴즈

여인 2명이 나란히 걸어가는 것을 2자로 줄이면?

💡 늘쩍

🏷 유머 마인드

모르면 자세히

남을 웃기다 보면 곤경에 처할 때가 있다. 예화(例話)나 자료 인용시 틀리거나 정확하지 않은 수치를 말했을 때다. 더군다나 내가 잘 모르는 것에 대한 전문가가 있어서 자신의 말을 수정한다면 쥐구멍이라도 찾고 싶은 심정이 된다. 모르는 것에 대해서는 자세히 알고 난 후 인용해야 한다. 그렇지 않으면 '숨소리만 빼곤 전부 거짓말하는 사람'이란 소릴 듣는다.

여자의 단계별 반응

남녀가 한자리에 있을 때, 여자의 반응으로 본 관계 진전 과정은 다음과 같다.

1단계 : **Oh! Do not touch me!**

2단계 : **Oh! Do not touch.**

3단계 : **Oh! Do not.**

4단계 : **Oh! Do.**

5단계 : **Oh!**

 유머 펀치

아담과 이브는 사과가 좋아서 먹은 것이 아니고 금지되어 있었기 때문에 먹은 것이다.

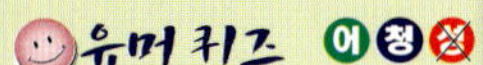 유머훈련

딱 한사람을 선택하여, 나를 사랑하게 만들 수 있다면 누구를 선택할 건가?

유머 퀴즈 어정❌

위에서 아래로 자라는 것은 고드름이다. 제멋대로 자라는 것은?

물ㄹ야0

 유머마인드

시너지 효과

두 개 이상의 요소가 서로 작용하여 동반 상승 효과를 얻는 것이 시너지 효과이다. 유머가 없는 대화도 문제지만, 처음부터 끝까지 남을 웃기려고만 해도 문제다. 둘이 서로 조화를 이루면 '시너지 효과'를 얻는다. 마치 커피에 프림이 녹듯이…….

용호상박(龍虎相搏)

시어머니가 신혼여행에서 돌아온 며느리에게 말했다.

시어머니 : 나는 긴 말하는 거 싫어한다. 손가락을 이렇게 까딱 하면 오라는 신호니까 그리 알고 잽싸게 오너라.

며 느 리 : 저도 긴 말하는 거 싫어해요, 어머니. 제가 이렇게 고개를 가로로 흔들면 못 간다는 신호니 그리 아세요.

 유머 펀치

내 자식들이 해 주길 바라는 것과 똑같이 부모에게 행동하라.

유머훈련

이 세상에서 죽음보다 두려운 것이 있다면 어떤 것이 있을까?

유머 퀴즈 어정성

경승용차와 8톤 화물트럭이 정면 충돌을 하였는데, 8톤 화물트럭이 뒤집혔다. 이런 것을 뭐라고 하나?

 끄더Y울끄

몽땅 다 잡수?

덩달이가 다른 차들처럼 덩달아 과속으로 신나게 자유로를 질주하다가 교통경찰에게 적발되었다. 덩달이는 자기만 적발된 것에 불만을 갖고 경찰에게 따졌다.

덩달 : 다른 차들도 다 빨리 달리는데 왜 나만 세우는 거슈?

경찰 : 낚시 해봤수?

덩달 : 물론이소.

경찰 : 그럼 댁은 낚시터의 물고기를 몽땅 다 잡수?

유머마인드

피에로와 마임

피에로는 말을 할 수가 없다. 고작해야 입 속의 삑삑이 하나가 전부다. 표정과 몸 동작으로 자신의 모든 의사표시를 해야 한다. 그럼에도 불구하고 보는 이들로 하여금 웃음을 자아내고 눈물나게 한다. 사람은 말을 하지 않아도 의사전달을 할 수 있다. 피에로와 마임 전문가의 동작들을 연구하면 유머도 말없이 가능하다.

유머 펀치

범죄에 대한 최대의 동기는 벌을 피하려는 희망이다.

유머훈련

사고를 당하여 전신마비가 된 나를 버리고 떠나려는 애인에게 마지막으로 하고 싶은 말은?

유머 퀴즈 (어청성)

바나나도 씨가 있다?

(양귀비) X

유머마인드

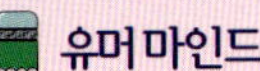

A/S, B/S, I/S

A/S는 상품을 판 후, 시집보낸 딸처럼 보살피는 것이다. B/S는 상품을 팔기 전 서비스를 하는 것이다.(예; 겨울철 에어컨 예약판매 등) I/S는 이미지 서비스다. 유머소재를 음담패설이나 지저분한 느낌을 주는 것을 주로 선택하면 '원래 지저분한 사람'이라고 기억된다. 제일 중요한 I/S에서 실패한 것이다.

"이 부분을 잘라서 많은 사람이 보고 즐거울 수 있도록 붙여 주세요!"

술이 도둑

어느 경찰서에 술이 잔뜩 취해서 혀가 꼬부라진 남자로부터 전화가 걸려왔다.

취객 : 경찰서죠? 내가 술 한잔하고 차에 왔더니 아, 글쎄! 도둑놈이 내 차 안에 있는 걸 다 떼어갔지 뭐요,

경찰 : 도난 당한 물건은 무엇입니까?

취객 : 카오디오, CD체인저, 카폰, 그리고 이 지독한 놈이 핸들하고 페달까지 몽땅 다 떼어 갔단 말이오, 이런 놈은 잡아 족쳐야 해요!

경찰 : 지금 곧 그쪽으로 사람을 보내겠습니다,

　－ 잠시 후, 그 남자에게서 다시 전화가 왔다. －

취객 : 사람을 안 보내도 괜찮겠어요, 앞 좌석에 앉으니까 다 있네요,

유머 펀치

낭비와 과소비는 자신의 재산을 도둑질하는 것이다.

www.119114.co.kr

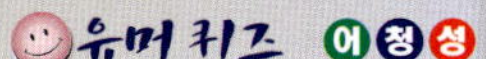

유머훈련

내일이면 형장의 이슬로 사라지게 된다. 사형 방법을 선택할 수 있다면 어떤 방법으로 사라지고 싶나?

유머 퀴즈 어청성

법이 없이도 살 수 있는 사람은 착한 사람이다. 그러면 법이 없어야 사는 사람은?

Y읽어수

유머마인드

싱거운 사람

예로부터 우스개 소리를 잘 하는 사람에게 어른들은 '싱거운 놈'이란 말을 했다. 이런 말을 하는 사람들의 공통점은 웃을 줄만 알았지 남을 웃길 줄 모르는 사람이다. 신경쓸 필요가 없는 말이다. 그러나 한편으론 이해가 되는 부분도 있다. 유머 속에 메시지가 없고, 뼈가 없고, 영양가가 없었기 때문이다.

가장 억울하게 죽은 사람

달리는 버스가 뒤집어져 많은 사람이 죽었다. 가장 억울하게 죽은 사람을 네 명 꼽으면?

① 결혼식이 내일인 사람.

② 시내 방향차를 종점 방향차로 잘못 알고 탄 사람.

③ 졸다가 못 내리고 한 정거장 더 가는 바람에 죽은 사람.

④ 버스가 출발하는데도 억지로 달려와 간신히 올라탔던 사람.

유머 펀치

결점이 없는 차를 타고 가려는 자는 걸어가야 한다.

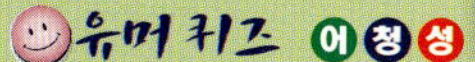 유머훈련

월화수목금토일, 이것들 중, 달력에서 사라지게 하고 싶은 요일은?

😊 유머 퀴즈 어청성

양계장을 하다가 망한 사람을 뭐라 부르나?

💡 일요일

 유머 마인드

내일은 없다

"우리에게 내일은 없다."라고 말하면 반발하는 사람들이 많을 것이다. 그러나 내일은 없다. 내일이 오면 그날은 오늘이 되기 때문이다. "진정한 웃음을 웃는 사람은 나중에 웃는 사람" 이라고 누가 말했던가? 이 말을 믿지 마라. 지금 웃는 사람이 웃는 사람이다. 나중에 웃을 수 있을지 없을지 아무도 모른다. 지금 웃지 않으면 웃음은 없다. 지금 웃자! 우하하하하…….

그 아버지에 그 아들

아들 삼형제와 아버지가 달력을 보면서 이야기하고 있다.

막내 : 월 화 수 목 **김** 토 일…….

둘째 : 이런 바보, 김이 아니라 금이야. 내가 읽을게 잘 봐.
월 화 수 목 금 **사** 일.

첫째 : 아니, 이런 멍청이. 그건 사가 아니라 토야. 자, 봐.
월 화 수 목 금 토 **왈**.

이걸 보고 있던 아버지가 답답한지 말했다.

"니네들 한문 실력이 왜 그 모양이냐? 얘, 막내야. 아빠가 가르쳐 줄 테니 **왕편** 좀 갖고 와라."

 유머 편치

아이들을 꾸짖지 말라. 내가 걸어온 길이다.
어른들을 욕하지 마라. 내가 걸어 가야 할 길이다.

유머훈련

역사적 인물중 한 사람을 선택하여 완전히 똑같은 삶을 살 수 있다면, 누구의 인생을 살아 보고 싶나?

유머 퀴즈 

'일요일' 을 거꾸로 하면 '일요일' 이다. '쓰레기통' 을 거꾸로 하면?

통기레쓰

 유머 마인드

웃음과 울음

희극의 반대는 비극이고, 웃음의 반대는 울음인가? 아니다. 웃음과 울음은 동전의 양면이다. 그래서 폭소가 터지면 눈물이 같이 나온다.

웃음의 반대는 고지식이다. 고지식은 여유가 없고 항상 긴장 상태를 유지한다. 웃음은 여유와 이완상태에서 나오는 현상이다.

예수님과 부처님의 차이

크리스마스를 맞아 모처럼 고등학교 동창들끼리 모여 파티를 즐겼다.

이런 저런 얘기를 나누던 친구들이 갑자기 화제를 종교문제로 돌리기 시작했다.

종교학과를 다니는 종순이는 삼순이에게 **"예수님과 부처님의 가장 큰 차이는 뭐니?"** 하고 물었다.

한참 곰곰이 생각하던 삼순이는 가라앉은 목소리로 대답했다.

"음, 그건 아무래도 헤어스타일 차이 아니겠니?"

유머 펀치

최후의 만찬에 그려진 예수와 유다는 같은 인물(모델)이었다

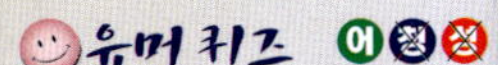

유머훈련

너무 피곤해 버스에서 그만 잠이 들었다. 눈을 떠 보니 바로 앞에 할머니가 서 있는 것이 아닌가! 자리에서 일어나면서 할머니에게 뭐라고 말할건가?

유머 퀴즈

병균들 중에서 가장 계급이 높은 병균은?

💡 군의관

유머 마인드

경로

어르신들께 안마를 자주 해 드려라. 안마 해 드리면서, 노인을 공경하는 마음도 가꾸고 옛날의 살던 이야기를 들어 보라. "그 때를 아십니까?"의 산 증인이다. 옛날의 살던 이야기는 유머의 좋은 소재다. 사람은 옛 이야기에 대해선 언제나 관심과 흥미를 갖고 있다. 동심의 세계는 늘 포근하니까……

자리 양보

어느 할머니가 버스를 탔다. 마침 할머니가 서 있는 자리 앞좌석에는 학생이 앉아 있었다.

그 학생은 자는 척하다가 내려야 할 곳을 그만 지나치게 되었다.

황급히 잠에서 깬 척하고 일어나는 학생에게 할머니가 큰소리로 말했다.

"학생! 왜, 좀더 개기지 그래?"

유머 펀치

마음이 있지 아니하면
보아도 보이지 않고
들어도 들리지 않는다.

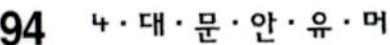

? 유머훈련

21세기에는 인류의 운명을 뒤바꿔 놓는 사건이 수없이 많이 일어날 거다. 그 중에서 가장 중요한 사건은 어떤 것이라고 생각하는가?

☺ 유머 퀴즈 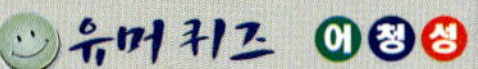

돼지 저금통은 우리 나라에서 처음 만들었다?

💡 (논유) X

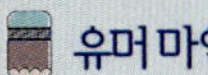 유머 마인드

동심

어린아이는 한정된 단어로 모든 사물을 표현한다. 어린아이의 어휘력을 관찰하면 유머 소재를 얻을 수 있다. 한 예로, 말을 막 배운 아이가 난생 처음으로 바닷가를 갔다. 백사장을 뛰면서 하는 말, "야~아, 미숫가루다!" 또 화장을 곱게 한 엄마를 보고, "우리 엄마 참 맛있게 생겼다."

럭키 세븐

어느 날 칠복이가 꿈을 꾸었는데, 도저히 무슨 꿈인지 생각이 나지 않았다.

그런데, 숫자 7만이 어렴풋이 생각났다. 그때 달력을 보니 7월 7일이었다. 다시 시계를 보니 바늘이 7시 7분 7초를 막 지나고 있었다.

그래서 칠복이는 오늘은 뭔가 되는 날이구나 생각하고, 은행에 들러 예금잔액을 모두 찾아 가지고 나왔다. 그때 마침 7번 버스가 와 얼른 탔는데, 이 버스가 경마장에서 서는 게 아닌가! 칠복이는 신의 뜻이라 생각하고 경마장으로 막 들어가니, 7번 경기가 막 시작되려는 참이었다.

우와! 세상에 이럴 수가? 그래서 칠복이는 7번 말에 전 재산을 몽땅 걸었다.

아! 그런데, 이놈의 말이 글쎄.

으흐흐흐, 7등을 했지 뭡니꺼?

 유머 펀치

불가사의 한 수 7
7은 행운의 숫자이고 거룩한 숫자이다. 창조는 7일이 소요됐고 1주일은 7일이다. 7년마다 안식년이 돌아오고, 무지개는 7가지 색이다. 그리고 주사위의 반대쪽을 합치면 그 합은 7이 된다.

유머훈련

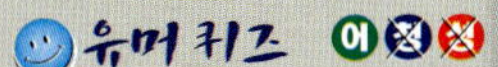

사랑하는 사람과 마지막 이별여행을 떠납니다. 어디로 어떻게 가면 좋을까?

유머 퀴즈

벼락부자가 되려면 무슨 장사를 해야 하나?

피뢰침 장사

유머 마인드

유머와 아랫배

배꼽을 쥐고 눈물을 찔끔찔끔 흘리면서 웃은 경험이 있을 것이다. 이렇게 웃고 나면 온몸의 긴장이 풀리면서 아랫배가 아프다. 이는 격렬한 복근 운동을 했기 때문이다. 튀어나온 아랫배 때문에 스트레스 받는 사람은 울지 말고 웃어야 한다. 옛날에 입던 바지를 다시 꺼내 입을 수 있다.

무너진 사랑탑

사랑하는 귀여운 내 여인이여!

대수롭지 않은 일로 헤어지다니 우리는 얼마나 바보입니까? 난 매일 밤 당신을 생각하며 울고 지낸답니다.

제발 돌아와 줘요. 당신은 그 무엇하고도 바꿀 수 없는 소중한 사람. 저는 당신없인 살아갈 수 없습니다. 이히 리베 디히! 오! 내 사랑!

-당신과 영원히 떨어지고 싶지 않은 피에로로부터.

추신 : 1억 5천만 원의 복권에 당첨됐다니, 정말 축하합니다.

유머 펀치

내가 성공하면, 가짜 친구들과 진짜 적들을 얻게 될 것이다.

 **유머훈련**

인간이 할 수 없는 불가능한 어떤 일을 해서 유명해질 수 있다면 무슨 일을 할건가?

 **유머 퀴즈** 어 청 성

사업상 목욕을 할 수 없는 사람은?

때신

 **유머 마인드**

멍청

가끔은 아무생각 없이 멍청할 필요가 있다. 내가 멍청하면 상대방은 '갑자기 찾아 온 영광'을 느끼게 될 것이다. 웃음의 첫째 조건인 갑자기 찾아 온 영광은 이렇게 만들어진다. 영구, 맹구, 사오정 등이 대표적 캐릭터이다.

"우리 모두 다같이 머~엉 청!"

속았지롱

꾀가 많기로 소문난 잔머리 일병이 휴가를 얻어 고향에 돌아왔다. 기분 좋게 택시를 불러 탄 것까진 좋았는데 목적지에 가까워질 무렵 문득 호주머니를 뒤져보니 돈이 한푼도 없었다.

지금이 바로 자신의 기지를 발휘할 때라고 판단한 잔머리 일병은 운전기사에게 소리쳤다. "아저씨! 담배 좀 사게 저기 담배가게 앞에서 잠깐만 세워 주세요! 그런데 아까 차안에서 10만원 짜리 수표를 떨어뜨렸는데 어두워서 그런지 도무지 못 찾겠네요."

그리고선 급히 담배가게로 뛰어들어갔다. 뒤돌아보니 아니나 다를까 택시는 쏜살같이 어둠 속을 사라져가고 있었다.

유머 펀치
눈 앞의 작은 이익은 더 큰 이익을 얻기 위한 미끼임을 잊지 마라.

 유머훈련

스포츠 종목에 상관없이 시작만 하면 챔피언이 될 수 있다. 어떤 종목의 챔피언이 되겠나?

유머 퀴즈

암캐와 수캐가 같이 놀다가 암캐는 미용실로 가고 수캐는 이발소로 들어갔다. 왜 그랬을까?

수캐는 이발소에 가고 암캐는 미용실에 가니까.

 유머마인드

희망 사항

나의 희망사항은 다른 사람의 희망사항이다. 나를 살피면 남의 마음을 읽을 수 있다. 내가 늘 선택하던 것, 쓰던 것, 보던 것에 대한 희망사항을 관찰해 보면 상대의 마음을 알 수 있다. 상대의 마음을 알면 맞춤 유머를 할 수 있다. 이 때 희망사항을 열거하여 메모하면 효과는 배가 된다.

개 판

개와 사람이 달리기 시합을 했다.

① 사람이 이긴 경우 : 개보다 더 한 놈

② 사람이 진 경우 : 개만도 못한 놈

③ 비겼을 경우 : 개 같은 놈

유머펀치

우리 모두 뛸 수는 있지만 선수가 되는 것은 아니다. 훈련과 연습을 해야 선수가 된다.

유머훈련

어느 한 사람의 누드를 그릴 수 있는 특권이 주어진다면, 어떤 사람을 모델로 그리고 싶은가?

유머 퀴즈　어청성

북한에서는 다이어트를 뭐라고 하나?

 살빼기

유머 마인드

울음과 웃음

평균적으로 여자가 남자보다 7~8년 정도 더 수명이 길다. 이것은 여자들은 슬플 때 울고 기쁠 때 웃는 기능이 남자보다 뛰어나기 때문이다. 잘 울고, 잘 웃는 사람이 건강하게 오래 산다. 그러나 울음보다는 웃음이 훨씬 더 품위있고, 고급스럽고, 고상한 것이다.

위기의 탈출

두 명의 환자가 탈주를 시도했다. 시트를 찢어 길게 묶어 창 밖으로 늘어뜨렸다. 한 명이 그것을 타고 내려갔다가 다시 올라와서는 말했다.

"안되겠어. 너무 짧아."

다시 그들은 속옷이건 뭐건 눈에 띄는 건 뭐든지 꺼내서 묶었다. 다시 그 남자가 줄을 타고 내려갔다가, 또 올라와서 말했다.

"역시 안되겠어. 너무 길어."

 유머 펀치

원칙론만으로 시종일관하는 간부에게는 아이디어가 없을 뿐더러 구체적인 플랜도 없는 것이다.

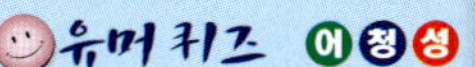 유머훈련

마법의 지우개가 있다. 세계 역사에서 일 년을 지울 수 있다면 어느 나라의 어느 해를 지우고 싶은가?

유머 퀴즈 어정성

비행기에도 피뢰침이 있다?

💡 (서그녕) X

 유머마인드

원숭이도 후회는 한다

동물학자의 말에 의하면 원숭이도 후회를 한다고 한다. 그러나 원숭이와 사람의 차이는, "사람은 개선을 하는 동물"이라는 것이다. 유머가 처음부터 잘 될 리가 없다. "난 원래 안 되는 놈이야" "내가 하는 게 그렇지 뭐"라고 포기한다면 원숭이 같은 인간이다.

밀레니엄 카

새로 개통된 고속도로에서 교통경찰이 딱 1,000번째 지나가는 차에게 상금 100만 원을 주기 위해 차를 세웠다.

교통경찰 : 100만원의 상금을 어디에 쓰겠습니까?

운 전 자 : 우선 운전면허증을 따는 데 쓸 생각입니다.

교통경찰 : 뭐라고요?

그의 아내 : 오, 경찰관님 신경 쓰지 마세요. 우리 이 이는 술만 먹으면 늘 횡설수설하니까요.

교통경찰 : 오잉?

할 머 니 : 것봐라, 훔친 차를 타고는 멀리 못 갈 줄 내 진작 알았느니라.

 유머 펀치

가장 약한 고리 하나가 사슬 전체의 강도를 결정한다.

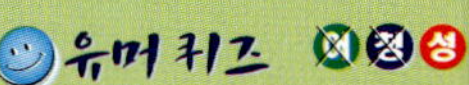

유머훈련

갑작스런 감전사고로 한가지 초능력이 생겼다. 어떤 능력이면 좋겠나?

유머 퀴즈 ❌정 ⭕성

'보통' 의 반대말은?

💡 ㅣ대ㅁ문

유머 마인드

유머와 마음의 벽

초면이거나 친숙하지 않은 사람과의 만남은 의례 마음의 벽이 가로막기 마련이다. 어쩔 수 없는 상황이라고 하기엔 너무나 불편하다. 이럴 때 유머를 구사하면, 마음의 벽을 한방에 날려보낼 수 있다. 유머 감각이 없다고요? 그래서 이 책을 열심히 보고 또 봐야 한다는 거 아닙니까?

소리나는 대로

초등학교 국어시간에, 선생님이 받아쓰기 문제를 내고 있었다.

"차, 친구들! 화롯불을 소리나는 대로 적어 보세요."

받아쓰기를 끝낸 후 답안지를 거둬 채점을 하는데 매사에 너무 똑똑해서 탈인 삼식이의 답안이 걸작이었다.

– 답안지에는 이렇게 쓰여 있었다. –

"지지…. 지지지…."

유머 펀치

방에 책이 없는 것은 몸에 정신이 없는 것과 같다.

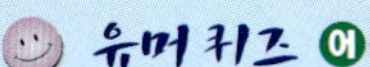 **유머훈련**

지금까지의 발명품 중, 위험한 것 한가지를 이 세상에서 사라지게 할 수 있다면, 무엇을 없애겠나?

유머 퀴즈

돈을 벌려면 자주 망쳐야 되는 사람은?

💡 ㅇ어

 유머마인드

유머 지수와 창의력 지수

유머 지수와 창의력 지수는 함수관계이다. 남을 잘 웃기는 사람은 평소에 문제의식을 갖고, 사물을 바로도 보고 거꾸로도 보는 습성이 있다. 왜? 남을 웃기려면 '자의 반 타의 반'으로 남들이 못 보는 것까지 볼 줄 알아야 하기 때문이다. 그래서 개그맨들이 창의력(아이디어)이 좋다.

그려, 열심히 혀

충남대와 한국과학기술원은 인접해 있다.
하루는 충남대생과 과기원 생이 같이 버스를 탔다.
어느 할머니 앞에 두 사람이 서서 가는데 할머니가 물었다.
"학상, 학상은 어디 댕기는 겨?"
"충남대 다니는데요."
"학상은 공부를 잘하는구먼."
그리고 나서 할머니는 옆에 있는 과기원 생에게 같은 질문을 했다. 그러자 과기원 생은 약간 목소리에 힘을 주어 자랑스러운 듯 말했다.
"과학기술원에 다닙니다."
그 말을 들은 할머니, 약간 상을 찌푸리며
"그려, 공부 못하면 기술이라도 배워야 재….
열심히 혀어…."

 **유머 펀치**

나이에 비해 너무 늙은 모습이라든가 나이가 많은 체하는 말씨는 환영받지 못한다. 반대로 겉으론 젊은 체하면서 머리 쓰는 데는 늙은이 같은 타입도 환영받지 못한다.

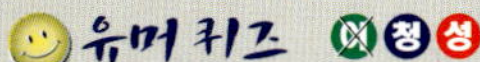

❓ 유머훈련

나의 신체중, 부분 모델의 제의가 들어왔다. 어느 부분이 어떤 광고에 나가길 원하나?

😊 유머 퀴즈

포수의 총은 총알이 20미터밖에 나가지 않는데, 호수 건너편 100미터 거리의 새가 그 총에 맞아떨어진 이유?

💡 물구나무 80미터

유머 마인드

유머와 윤활유

윤활유가 없는 엔진을 탑재한 자동차를 운전한다면, 소음도 심하고 엔진 과열로 인해 큰 불편과 사고를 만나게 될 것이다. 대화에 있어서 유머가 없는 사람을 만난다면 인간관계가 불편하고 사막 위를 걷는 기분일 것이다. 인간관계와 대화에 있어서 유머는 자동차의 윤활유와 같은 역할을 한다.

낙서 릴레이

어느 날 오전 : 신은 죽었다. – 니체

어느 날 오후 : 니체는 죽었다. – 신

다음 날 오전 : 니네 둘다 걸리면 죽었다. – 화장실 아줌마

다음 날 오후 : 썰렁해 죽겠다. 임마들아! – 펭귄

👊 유머 펀치

즐거워서 웃지만 웃다보면 즐겁다!

유머훈련 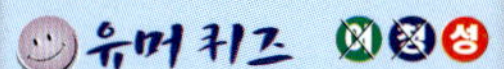

지금 당장 나에게 얼마가 있으면 행복해 질 수 있을까 계산하면?

유머 퀴즈

'호프' 로 맥주를 만들고 '엿기름' 으로 감주를 만든다. 그러면 '돈' 으로는 무엇을 만드나?

 늦롬

유머마인드 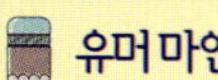

스피드 스피치

스피디한 단어의 전개는 청취자로 하여금 딴 생각이 들지 못하게 하는 장점이 있다. 그러나 실수를 하면 수습하기가 매우 어려운 단점도 있다. 장점을 살리기 위해 말을 빨리 하는 연습을 하면 좋다. 언제까지 해야 하느냐 하면? 될 때까지 해야 한다.

"이 콩깍지는 깐 콩깍지냐? 안 깐 콩깍지냐?" "경찰청 경!, 경찰청 찰!, 경찰청 청!, 경찰청 경찰!, 경찰청 찰청!, 경찰청 경찰청!

단 거

찰알스는 단 거를 너무나 좋아해서 어딜 가든 사탕, 초콜릿, 엿 등 단 거는 모조리 찾아먹는 아이였다. 어느 날 친구네 집에서 놀던 찰알스는 갑자기 비명을 지르며 쓰러졌고, 병원에 급히 실려가 응급치료를 받고 깨어났다.

친 구 : 너 어쩌자고 그걸 다 먹었니?
찰알스 : 으응, 난 그냥 단 거인 줄 알고 먹었어……

찰알스가 먹고 쓰러진 병을 찾아보니, 병에는 이렇게 씌어 있었다.

'Danger'

유머 펀치 

유능한 사람이 되는 길은 무능한 짓을 하지 않는 것이다.

 **유머훈련**

스포츠 관련 세계기록중, 직접 깨버리고 싶은 기록이 있다면 어떤 기록?

 **유머 퀴즈** 어청성

뱀은 뒷 걸음질 칠 수 없다?

○

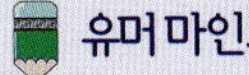 유머마인드

화장실

한 때 화장실을 '나 홀로 다방'이라고 했다. 혼자만의 시공간인 화장실에서 많은 아이디어가 탄생한다. 아랫배에 힘만 주지 말고 머리를 굴려라. 화장지에 무늬나 글귀를 넣는다면 어떤 것이 적합할까?

"앞으로 남은 길이 3m, 새 것을 준비하세요!" "변비엔 야채가 좋습니다!" "마음의 변비인 스트레스를 쌓아 두지 마세요."……

제비족과 아줌마

장바구니를 맡기고 제비족과 춤을 추는 아줌마들의 반응은 지방마다 서로 다르다.

서　울 : 좋우~아~요, 우연히 또 만나아~요,
전라도 : 음매 좋은 거~, 좋아부러라~,
충청도 : 나 죽어유~,
경상도 : 쥐기뿌소!

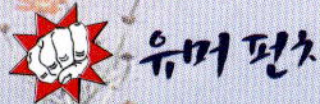 유머 펀치
거울과 친해질수록 집안 일과는 멀어진다.

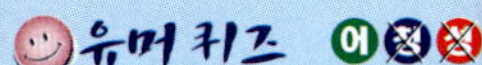 유머훈련

직업을 바꾸어도 100% 성공을 보장받는다면 어떤 직업을 선택하겠나?

유머 퀴즈

떼돈을 벌려면?

유머 마인드

유머와 안면 근육

사람의 근육은 쓰면 쓸수록 탄력이 붙어 건강한 아름다움을 준다. 우리들의 안면 근육은 약 80 개가 된다. 이 중 웃을 때 쓰여지는 근육은 약 40 ~ 50 개가 된다. 웃으며 살아온 얼굴과 무표정 또는 인상을 쓰면서 살아온 얼굴은 한 눈에 알아 볼 수 있다. 대인관계에서 사람들은 어떤 얼굴을 가까이 하고 싶을까?

때

1년이 넘게 목욕을 하지 않은 지저분한 남자가 있었다.
어쩌다가 마음을 모질게 먹고 목욕탕에 가서 때밀이에게 때를 밀어 달라고 했다.
 그런데 1시간, 2시간이 지나고 3시간이 되도 도무지 끝이 보이지 않고 계속 때가 나오는 것이었다.
이 남자도 무척 미안해졌다.
그래서 그만 됐다고 말하려는 순간,
때밀이가 열받아서 때 타올을 확 집어던지며 말했다.

"야, 너 지우개지...!!!"

 유머 펀치

자기 직업을 좋아하는 사람은
자기 고객도 좋아한다.

 유머훈련

마시면 꼭 하루 동안 투명 인간이 되는 약을 마셨다면 어디서 무엇을 하겠나?

유머 퀴즈 어 쩡 성

나는 참새와 나는 독수리의 정면 충돌은 무슨 현상?

 정답 보기 드문 현상

유머 마인드

10 vs 300

성인이 하루에 웃는 횟수는 10~15회 정도이다. 이에 반해 어린이들은 하루에 무려 300~400회 정도를 웃는다. 해맑은 얼굴을 가진 사람의 하루를 관찰해 보면, 분명 웃음을 잃지 않고 사는 사람일 것이다. 얼굴만 봐도 그 사람의 일상생활을 읽을 수 있다.

꼬마의 추리력

한 꼬마와 엄마가 있었는데 어느 날 꼬마가 '벌'에 쏘이게 됐다. 엄마는 꼬마에게 장난 삼아 이렇게 말했다.

"이건 호박벌이라서, 이 벌에 쏘이면 얼굴이 호박처럼 된다.
그러자 놀란 꼬마가 하는 말,

"엄마, 그럼 이문세 아저씨는 말벌에 쏘인 거야?

 유머 펀치

미지의 체험을 기대하는 마음은 어린이일수록 강하다.

친한 친구 중 한 명을 한 달 동안 노예로 삼을 수 있다면 누구를 마음껏 부려먹고 싶은가?

유머 퀴즈 어 휘 성

사과를 깎을 때, 과도로 사과를 한 대 '톡' 때린 다음 깎는 이유는?

기절 시키려고

유머 마인드

억지 웃음

사람에게는 하기 싫은 일도 억지로 참고 하는 인내심과 추진력이 있다. 정말 대단한 능력이다. 인간 관계에 있어서도 억지로 웃을 때가 있다. 한 조사에 따르면 사람이 억지로 웃어도, 자발적으로 웃는 웃음의 90%에 해당하는 심리적 의학적 효과가 있다고 한다. 억지로 웃는 것도 좋다.

손 씻는 이유

삼식이는 화장실에 갔다 오면 항상 손을 씻는 깨끗한 습관을 가지고 있다. 병팔이는 그렇게 청결한 삼식이를 보고 항상 감탄을 했다. 그런데 하루는 삼식이가 화장실을 갔다 와서 손을 씻지 않는 것이었다. 병팔이는 궁금해서 물었다.

"삼식아, 오늘은 왜 손 안 씻어?
"응, 오늘은 화장실에 휴지가 있더라구."

게으른 놈과 거지는 사촌이다.

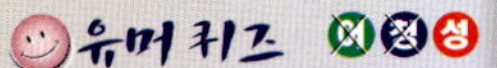

유머훈련

과거로 돌아가 역사적인 인물의 하인이 되어 살아야 한다면 누구를 선택할 건가?

유머 퀴즈 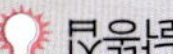

안경이 들어가 있으면 안경집, 모래가 들어가 있으면?

💡 럼유리모

유머 마인드

동물 농장

"닭장 속에는 암탉이 ~ 꼬꼬댁 꼬꼬꼬꼬, 외양간에는 송아지 ~ 음매에에". 동물농장 노래의 가사다. 닭과 송아지 이외에도 고양이 강아지 할 것 없이 총 출연한다. 자신이 좋아하는 동물의 동작이나 울음소리를 흉내 내 보라. 아주 실감나게 말이다. 유머의 '필링'을 위해서……

생일 선물

초등학교에서 한 아이가 여자인 담임 선생님에게 생일 선물을 가져왔다. 선생님은 포장된 상자를 보고 물었다.

"선생님이 맞춰볼까? 음~ 초콜릿이니?"
"아니오."
"그럼…. 케이크?"
"아니오"

그때 상자 귀퉁이에서 물이 몇 방울 흘러 나왔고, 아이는 좀 당황했다. 선생님은 손가락 끝에 물을 묻혀 맛을 보더니 말했다.

"음~ 이건 피클 맛 같은데? 피자를 가져왔구나?"

그러자 꼬마가 거북한 표정을 지으며 하는 말,
"선생님, 그건 고양이에요."

유머 펀치
나에게 걸레는
남에게도 걸레다.

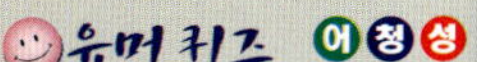 **유머훈련**

핵무기를 발사하기 위해서는 3개의 비밀 번호를 입력되어야 한다. 단 세 사람만이 이 비밀 번호를 알고 있어야 하는데, 누가 누가 알고 있어야 안전하게 관리가 될까?

유머 퀴즈 이 청 성

비행기 바퀴는 안에 튜브가 있다?

(염겨) X

 **유머 마인드**

유머도 기능

우리 나라는 기능에 있어서 세계적이다. 세계의 기능 경진대회에서 금메달을 따는 것을 보면 알 수 있다. 자랑스런 대한만국 만세!

그런데 유머도 기능이다. 이 말은 유머를 열심히 개발하고 닦으면 기능 보유자가 된다는 말이다. 앞으로 세계 유머기능 경진대회에서도 금메달은 우리 대한민국 것이다. 파이팅!

문제의 해결책

활주로를 출발하여 신나게 달리던 비행기가 갑자기 정지하더니 다시 격납고로 들어갔다. 그렇게 한 시간 정도 흐른 후에야 비행기는 다시 이륙을 하게 되었다. 뭔가 이상하다고 생각한 승객이 지나가던 여승무원에게 물었다.

승 객 : 무슨 이상이 있었습니까?

승무원 : 예, 손님. 저희 비행기 기장이 엔진에서 이상한 소리를 들었다고 해서요.

승 객 : 아~ 그래요. 그래서 엔진을 고쳤나요?

승무원 : 아니오, 기장을 바꿨습니다.

 **유머 펀치**

인생은 분명 일회용이다.
두 번 다시 쓸 수 없고 스페어도 없다.

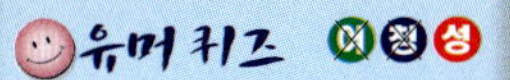 유머훈련

어쩔 수 없는 상사병에 걸린 사람을 위해 처방한다면 어떤 것이 가장 명약일까?

유머 퀴즈

처녀가 임신하면 해당되는 죄목은?

품위손상죄

유머마인드

옛 말

웃으면 복이 온다 했다. 웃는 낯에 침 못 뱉는다 했다. 웃으면 젊어지고 화내면 쉬 늙는다 했다. 모두 맞는 말이다. 과학적으로 모두 증명됐다. 웃는 가정은 행복하다. 웃는 얼굴은 좋은 인간관계를 약속한다. 웃으면 엔돌핀이 솟아나 노화를 방지하고 면역체계를 강화시킨다.

계산은 할머니가

예쁜 아가씨가 할머니와 함께 옷감을 사러 백화점엘 갔다.

예쁜 아가씨 : 이 옷감 한 마에 얼마예요?

주인 아저씨 : 한 마 정도는 키스 한 번만 해주면 그냥 드릴 수도 있습니다.

예쁜 아가씨 : 어머! 정말이세요?

주인 아저씨 : 정말입니다.

예쁜 아가씨 : 그럼 다섯 마만 주세요.

주인 아저씨 : (즐거운 표정을 지으며) 여기 있습니다! 그~럼, 이제 키스 다섯 번 하셔야죠?

예쁜 아가씨 : 계산은 할머니가 하실 거예요!

 유머 펀치

쥐가 고양이를 쳐다보고 웃을 때는 반드시 근처에 구멍이 있다.

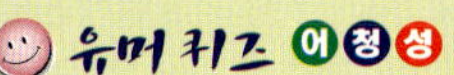 유머훈련

이건 해도 너무 한다고 생각되는 연인들의 행동 중 꼴불견 세 가지를 든다면?

유머 퀴즈 어 청 성

문어의 손과 발을 구별하려면?

몽둥이로 머리를 때려서 올라오는 것이 손.

 유머마인드

만약에

"만약에 ~"를 늘 생각해 보면 유머 소재를 찾을 수 있다. 그리고 늘 보고 사용하던 물건을 새롭게 생각해 보고 용도를 달리 해 써 보라. 이 책의 유머 훈련 코너는 유머소재의 보고(寶庫)이다. 한 쪽도 빼먹지 말고 성실한 답을 해 보라.

털 깎은 남편

털보인 남편이 아내를 깜짝 놀래 주려고 얼굴의 구레나룻과 턱수염을 말끔히 깎고 집에 들어왔다. 아내는 피곤했는지 일찍 잠자리에 들어 자고 있었고, 말끔해진 남편은 침대 안으로 살며시 들어가 아내를 뒤에서 안았다. 잠결에 남편의 얼굴을 만져 본 아내는 큰 소리로 말했다.

"어머! 이렇게 늦게 오면 어떡해, 남편 올 시간 됐단 말야!"

 유머 펀치

손등과 이마에 키스하면 존경,
뺨과 입술에 키스하면 사랑,
팔과 목에 키스하면 욕망,
그 이외에 하면 미친 놈!

세계 소변 대회

세계 소변 대회의 입상자를 아나운서가 발표한다.

4등 : 미국의 조지포만! 1 말 1 되! (관중들/ 와~~!)

3등 : 일본의 싸고 또 싸고! 1 말 5 되! (관중들/ 우와~~!)

2등 : 중국의 왕창 쉬! 2 말 3 되! (관중들/ 우와 아아~~!)

1등 : 한국의 노상싸! 3 되 (관중들/ 애게게~~!)

– 이때 아나운서의 추가 멘트가 나왔다. –

"턴 것 만~"

 유머 펀치

나중에 웃는 자가 진정한 웃음을 웃는 자라고
생각하지 마라. 지금 웃는 자가 행복하다.

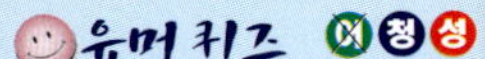 유머훈련

학술세미나에서 예술과 외설에 대한 발표를 해야 한다. 예술과 외설을 한마디로 말한다면?

😊 유머 퀴즈 ❌정답

세계에서 옷을 가장 잘 해 입고 다니는 나라는?

💡 읽L

 유머 마인드

예술과 외설

참으로 오랜 역사를 갖고 있는 논쟁거리다. 대개 예술은 전체적인 분위기에 압도되지만 외설은 중요 부분의 분위기에 압도된다. 또 예술은 가슴이 '찌~잉' 해 오는 반면 외설은 아랫도리가 '찌~잉' 하다.

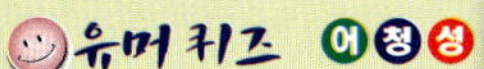

유머훈련

봄, 여름, 가을, 겨울 중 한 계절을 없앨 수 있다면 어느 계절을 없애겠는가?

유머 퀴즈 어청성

세계에서 가장 빠른 차는?

유머 마인드

유머 훈련 비결

임금이 12명의 현인들을 불러 온 백성들이 행복하게 살 수 있는 방법을 찾으라고 명을 내렸다. 1년 뒤 현인들은 12권의 책을 만들어 임금께 바쳤고, 이를 본 임금은 많은 책 분량 때문에, 한 권으로…. 한 페이지로…. 결국 한 문장으로 만들게 했다. 그것은 바로 "세상엔 공짜가 없다."였다. 이것을 본 임금은 크게 만족했고 후한 상을 내렸다. 이 세상에 공짜는 없다. 열심히 하면 된다. 어떻게 하냐고? 자~알. 언제면 되냐고? 그야 하기 나름이지……

송년 메시지

한국말이 미숙한 어느 외국인이 송년 메시지를 낭독하게 되었다.

친애하는 여러분! 오늘은 송년의 밤입니다.

이 밤이 지나면, 이 년은 가고 새 년이 옵니다.

새 년이라고 다 좋은 년은 아니겠지만 다가올 새 년을 맞이함에 있어, 갈 년을 보낼 몸과 마음의 준비가 있어야 합니다.

지나간 년을 돌이켜 보면, 여러 가지 꿈과 기대에 못 미친년도 있었고, 어떤 년은 실망스럽고, 또 어떤 년은 나쁜 년도 있었습니다. 그러나 돌이켜 보면 다행스러운 것은, 참 재미있고 끝내주는 년도 있었다는 것입니다.

이제, 새 년은 어떤 년일까 하는 호기심과 기대도 있겠지요. 그러나 무엇보다 가장 중요한 것은 이년 저년 할 것 없이 모두가 우리에게 주어진 피할수 없는 년이란 것입니다.

여러분! 갈 년을 과감하게 정리하고, 다가올 새 년을 맞이하여 재미있게 웃으며 삽시다.

감사합니다!

유머 펀치

오늘은 나에게 남겨진 인생 중 첫 번째 날이다.
별수 없다. 열심히 살자!

세계는 지금 인터넷 전쟁중……
똑똑한 홈페이지를 만나면 미래가 보인다!

119 114
www.119114.co.kr

어~라? 최고들은 다 모였네??

*

4·대·문·안·유·머

*

초판1쇄 — 2002년 8월 10일
초판2쇄 — 2002년 8월 20일

*

엮은이 — 전 승 훈
펴낸이 — 이 규 종
펴낸곳 — 엘맨출판사
*

서울시 마포구 합정동 433 - 62
출판등록 — 제10 - 1562호(1985. 10. 29.)

TEL. — (02) 323-4060
FAX. — (02) 323-6416
e-mail — elman1985@hanmail.net
*

잘못된 책은 바꾸어 드립니다.
*

값 10,000원

놀이와 행사(상담및 게임도구 렌탈, 구입시 연락처)
우 150-805
서울시 영등포구 당산동4가 32-88
☎ (02)2068-2088, 011-282-5840
www.119114.co.kr